Sam Hess

Die Welt der Naturgeister

Zwerge, Feen und
Nymphen wahrnehmen
und sich mit
ihnen verbinden

nymphenburger

INHALT

Einführung 4

NATURGEISTER UND DIE KRAFT DER LIEBE

Die Welt aus der Sicht des Menschen 8
Der Mensch erschafft seine eigene Welt 12
Materialismus statt Liebe 14
Die Welt aus der Sicht der Naturgeister 18
Der Einheit dienen 22
Bescheidenheit und unendliche Liebe 24

NATURGEISTER UND IHRE ERSCHEINUNGSFORMEN

Die Erde: eine uns unbekannte Wesenheit 30
Die täglichen Wunder um uns 32
Der Mensch zu Gast auf dieser Erde 38
Das Wesen der Pflanzengeister 44
Das Wesen der Wassergeister 50
Das Wesen der Luftgeister 54

VERBORGENE WELTEN ENTDECKEN

Als Mensch in dieser irdischen Welt 58
Gedankenkraft im Übersinnlichen ausbauen 66
Seinem inneren Selbst vertrauen lernen 72
Schöpferkraft in uns wiedererkennen 74
Leben und Wirken der Naturgeister 80
Die Intelligenz der Naturgeister 86
Tier- und Naturwesen 90
Kraft und Energie der Natur für Mensch und Tier 96

MIT NATURGEISTERN IN KONTAKT TRETEN

Eintauchen in die Energie der Natur 104
In der Kraft unserer Natur arbeiten 108
Mit Naturwesen kommunizieren lernen 114
Abschlussgedanken 136

Register 140
Über den Autor 142

EINFÜHRUNG

All denen, die wie ich die unendliche Vielfalt unserer Natur erkennen und kennenlernen wollen, will ich dieses Buch widmen. Physik und Psychologie können vieles belegen, auslegen, vielleicht auch erklären. Und da kommt einer frech und frei – will das nicht »annehmen« – und wirft der ganzen Forschung und Wissenschaft vor, nicht wirklich hinter die »Kulissen« unserer wahren Erde und hinter ihr einwandfrei funktionierendes System zu »sehen«. Das nehme ich gerne auf mich. Neben all den bislang durch die Forschung erbrachten Beweisen, deren Wahrheit und Klarheit ich keinesfalls bestreite, gibt es eben noch eine ganz andere Ebene, die sich Wissenschaftler und Forscher seit Dutzenden von Jahren selbst verbauen, da sie »nur« beweisen wollen, aber nie etwas als gegeben anerkennen, das auf einem untrüglichen Glauben beruht. Glaube und Wissenschaft beißen sich, ich weiß! Aber da steht die Forschung noch ganz am Anfang. All das, was wir »Seher« erzählen, aufzeigen, erklären, entspringt laut ihr unserer blühenden Fantasie. Wir brauchen diese »alten Märchen« von übersinnlichen Geschehnissen nicht mehr. Wir können ja alles erklären. Wirklich?

Vor Dutzenden von Jahren habe ich den Menschen von Ereignissen berichtet, die damals als absolute Unmöglichkeit von Dozenten und Lehrern unserer Schule abgetan wurden. Davon ließ ich mich aber nie entmutigen. Denn was Naturgeister mir erzählten, mich wissen ließen und mir zeigten, existierte wirklich in einer anderen Welt. Und die Zeit gab mir recht. Meine damaligen Erklärungen gehören heute auch wissenschaftlich zum Allgemeingut. Dazu später. Es ist für mich eine sehr fragwürdige Zeit, in der wir heute leben. Noch immer hält sich der Gedanke in der breiten Öffentlichkeit, dass mit Menschen, die von materiell gesehen »Nicht-Existentem« berichten – falls sie sich das zutrauen – etwas nicht stimmt. Dies wird geschürt durch Schulen und Dozenten und ist fest verankert. Eine ganze »Wand« von Skeptikern, Zweiflern und »Wissenden« hält dagegen und behauptet, »sehende« Menschen seien im Hirn geschädigt, litten an unverarbeiteten Kindheitstraumata, hätten psychische Probleme und dergleichen mehr. Denn dadurch lassen sich all die »Einbildungen« sehr einfach und radikal erklären. Noch immer – oder sogar erkennbar zunehmend – werden Menschen, die Übersinnliches wahrnehmen, in Nervenkliniken eingewiesen, in denen sie dann »geheilt« werden. Ich weiß, es gibt heute sehr viele psychisch kranke Menschen, die Hilfe brauchen und sie auch fachgerecht erhalten. Um diese geht es mir anbei jedoch nicht. Ich spreche hier klar und deutlich von den Menschen, die eine besondere Gabe des »Sehens« besitzen. Interessant ist die Tatsache, dass zahlreiche wissenschaftliche Dokumentationen vorliegen, die diverse paranormale Phänomene belegen. Dies wurde auch in entsprechenden Fachzeitschriften veröffentlicht. Es gibt sie nämlich durchaus. Da müsste ich Sie, liebe Leserin, lieber Leser, schon ganz offen fragen: »Leben wir in der wirklichen Welt oder sind es die anderen?«

Ich durfte in all den Jahren Dutzende Menschen in meinen Waldseminaren begrüßen. Was mich immer wieder gefreut hat und heute noch freut, sind die bestätigenden Rückmeldungen, dass die Heilkräfte der Natur im Allgemeinen, und die der Bäume im Besonderen, mit Erfolg anwendbar sind. Die Menschen konnten ihre, zum Teil langjährigen, Probleme, Krankheiten oder Gebrechen lösen bzw. heilen. Sie durften, selbstverständlich durch eigene, intensive Arbeit, ihre Gesundheit wiedererlangen – endgültige Abschlüsse tätigen. Denn auch für mich – dies habe ich selbst erfahren, als mein Körper in einem schweren, langen Leiden steckte – gab es nur diesen Weg. Eine ganzheitliche Heilung ist abschließend, da die krank machenden Probleme wirklich aufgelöst werden. Man hat etwas endgültig überwunden: Selbstheilung mithilfe von Naturgeistern. Dazu will ich Sie auch gerne animieren. Wenn Sie konsequent Ihren Weg verfolgen, mit der von reiner Liebe geprägten Kraft der Naturgeister zusammenarbeiten, ist auch Ihnen ein Erfolg sicher. Es ist doch traurig, wenn man all das Wunderschöne nicht beachtet und bei Erlebnissen schließlich daran zweifelt, ob es sie wirklich gibt. Hirn ausschalten – alte Muster und Prägungen auflösen! Denn wir Menschen müssen endlich begreifen, dass wir nicht um des Leidens willen auf diese wunderschöne, einmalige und voller Wunder auf uns wartende Welt gekommen sind. Wer diese Welt wirklich in all ihren vollkommenen Charakteren erkennt, der weiß wahrhaftig, weswegen wir in diesem Paradies für eine Zeit zu Gast sein dürfen. Für diese gezielte Arbeit und ein daraus resultierendes, unbezahlbares Ergebnis soll Ihnen dieses Buch dienen.

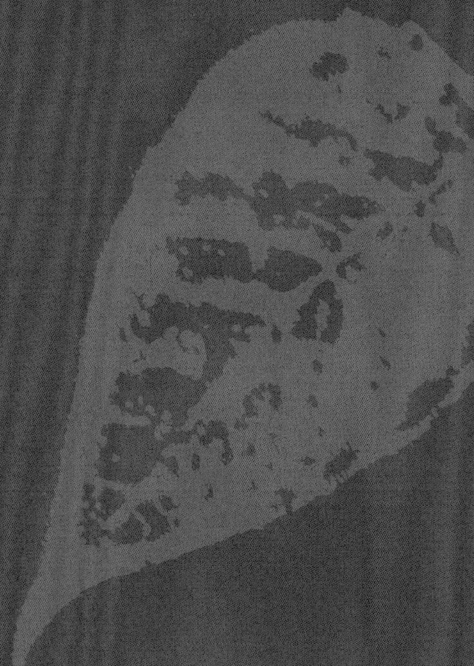

Naturgeister und die Kraft der Liebe

Naturgeister begegnen uns Menschen in völliger Hingabe. Denn ihr einziger Leitgedanke lautet: »Liebe in reinster Form«. Naturwesen können sich in jeder Form dem Menschen sichtbar machen und ihm unendliche Liebe schenken. Das ist das Fantastische am Wesen der Naturgeister.

DIE WELT AUS DER SICHT DES MENSCHEN

DER PHYSISCH-MATERIELLE KÖRPER

Haben Sie sich schon einmal Gedanken gemacht, weswegen Sie hier auf dieser Erde sind? Oder was Ihre Aufgabe hier wirklich ist? Wissen Sie, dass wir in erster Linie da sind, um diesen wunderbaren Planeten Erde mit seinen unzähligen Schönheiten, Geheimnissen und Wundern zu ergründen? Ja, ihn näher kennenzulernen! Wenn eine Seele aus freiem Willen diese Erde betritt, ist sie als Gast in einer ihr weitestgehend unbekannten Welt eingetroffen. Dem kosmischen Gesetz entsprechend gibt es in allem ein unvergängliches Sein. Dies natürlich in tausendfacher Gründung. Als fortwährend wiederkehrende Inkarnation übernehmen wir eine von uns geplante weitere Aufgabe, unserem innersten Bewusstsein folgend: Wir sind unaufhörlich bestrebt, Kenntnisse und Erfahrungen, unser tiefes inneres Wissen weiter auszubauen. So lange, bis wir diese Erde als Lehrmeister nicht mehr benötigen.

Längst ist allen Kulturen klar geworden, dass ein Mensch auf diesem Planeten nicht zu Hause ist, sondern nur für eine begrenzte Zeit als Gast auf dieser Erde lebt. Eingebettet in einen physischen, materiellen Körper kann unsere Geistseele hier verweilen. Doch über die Zeit der Jahre hat sich diese Geistseele durch die hier vorgegebenen Strukturen immer mehr von ihrem eigentlichen Ziel, diese Erde und alles, was da ist, kennen und erfahren zu lernen, entfernt.

Der Mensch in der sogenannten entwickelten Welt schreitet mit unglaublicher Eile immer weiter von seinem ihm einst gegebenen Ziel weg. Fortschritt im wahrsten Sinne! In einer ihm eigens zugehörigen Illusion baut er eine persönliche, völlig abstrakte Welt, die ihm jedoch zunehmend fremd wird. Seine völlig der Materie untergeordnete Sichtweise erlaubt es ihm nicht einmal mehr, an einen ewigen Kreislauf zu glauben. Ja, der körperliche Tod ist dann das Aus des ganzen Seins. So nehmen mit dieser sehr einseitigen Sicht auch die Werte des wahren Lebens ab und werden durch materielle ersetzt. Damit einher geht jedoch eine absolute Unzufriedenheit, die der Mensch ebenfalls schafft und deswegen in sich und der Umwelt auch zunehmend wahrnimmt. Das ist der Moment, in dem sich ein Mensch wieder auf seine wahren Werte zurückzubesinnen beginnt.

DAS URALTE WISSEN DER SEELE

Was ist mit den Menschen geschehen? Das gesellschaftliche, politische und religiöse Leben der sogenannten entwickelten Völker wird von Vorschriften beherrscht. Ausgerichtet auf ein rein materialistisches Leben, das alles machbar erscheinen lässt. Die Menschen haben das uralte Wissen der eigenen Seele gekappt, als sie noch zutiefst fasziniert vom Geheimnis eines gegebenen Jenseits waren. In ihren einstigen Kulturen, als sie bereits hier auf der Erde lebten und wirkten, hatten sie gelernt, dass sie nach ihrem rein körperlichen Tod an den kosmischen Rhythmen und Schwingungen teilhaben würden. Sie wussten einst, dass das Phänomen des physischen Todes nur einen Aspekt der Transformation des Bewusstseins in einen vollkommeneren Zustand darstellt. Einen Zustand jenes Unbekannten und Unsichtbaren in uns Menschen. Und es war ihm in seinem Ganzen bewusst.

Dieses Bewusstsein nimmt jeder Mensch in eine neue Reinkarnation mit und erkennt im Augenblick seiner Neugeburt, dass all das schon bei seinem letzten Tod hier auf Erden begonnen hat. So war dem Menschen einst bewusst, und all jenen, die sich zu ihrer Zeit mit den Mysterien vertraut gemacht hatten, dass der Tod niemals ein Ende, sondern immer ein Neubeginn ist. Sein Geist bewegte sich in einer anderen Dimension, in der dem Menschen noch bewusst war, dass sein Tun und Wirken hier auf dieser Erde etwas Kleines ist angesichts der Millionen Jahre seiner Ewigkeit. Die Ewigkeit ist unwandelbar und eins, und die ewige Bewegung garantiert ihren Fortbestand. Und sie wussten einst, dass alles, was die Ewigkeit enthält, alles, was da ist, war und werden muss, aus der Schwingung hervorgeht. Und alles ist in sich selber doppelt.

Der Mensch erkennt diese Welt so, wie er sein eigenes Leben wahrnimmt. Er hat mit seinem irdisch-materiellen Körper gelernt, dass es Schmerzen gibt und einen Tod. Zudem vertritt er die Theorie, dass sich Pflanzen, Tiere und Menschen über einen Jahrmillionen langen Prozess der Anpassung, der Auslese und Weiterentwicklung der Besten schrittweise vom Einzeller zu ihrer derzeitigen Erscheinungsform entwickelt hätten. Das wird heute weitläufig als gesicherte naturwissenschaftliche Erkenntnis vertreten und ist zum Allgemeinverständnis der Gesellschaft geworden. Wer die Evolutionstheorie aus theologischer oder naturwissenschaftlicher Sicht in Zweifel zieht, wird als naiv, ignorant und unwissenschaftlich abqualifiziert. So als behaupte er etwa noch, dass die Erde keine Kugel sei.

Diese Evolutionstheorie, für mich geradezu eine abstruse Idee, auch wenn sie auf Forschung basiert, verdanken wir Charles Darwin. Aber auch er, wie alle Menschen hier in dieser Welt, hatte ein der reinen Materie angehörendes Hirn. Ich durfte durch den Kontakt mit der Geistwelt der hier anwesenden Naturwesen erfahren, dass unsere Sichtweise ein absoluter Irrweg ist. In den Weltreligionen wird gelehrt, dass die Schöpfung von einem Gott erschaffen wurde. Für mich ist aber weder Ursprung noch Entstehung der Schöpfung von Wichtigkeit, da der Mensch endlich begreifen muss, dass weder das eine noch das andere mit unserem kleinen Hirn, dem irdisch-materiellen Körper zugehörend, fassbar ist. So sucht der Mensch hier auf dieser Erde nach dem Sinn des Lebens, forscht in alle Richtungen.

Ja, er will sogar draußen im Weltall gleichartiges Leben und Lebewesen finden. Ein Forscher, mit der Suche nach »Leben im All« beschäftigt, sagte mir, dass in einer absehbaren Zeit Wesen einer anderen Art gefunden werden. Ich entgegnete ihm, dass es für mich wichtiger wäre, die eigene Welt mit ihren Wesenheiten einmal kennenzulernen.

Aber das wirkliche Leben, das uns, seit wir auf der Erde auftreten, begleitet, ja unseren Aufenthalt auf diesem Planeten als physischer Mensch erst möglich macht, will der Mensch nicht sehen. Und so ordnet er alles nach brauchbar und unbrauchbar, nutzbar und nutzlos: Was er als Mensch nicht brauchen kann, wird weggelassen, was ihm schaden könnte, bekämpft, getötet, vernichtet. Diese vollkommen eingeimpfte Ansicht führte dazu, dass dieser moderne Mensch nur noch seine eigene Sicht auf die Schöpfung erkennt. Das allumfassende Ganze, das hinter dieser wundervollen Schöpfung steht, hat er weitgehend aus seiner Sicht verbannt. Es ist daher nicht verwunderlich, dass wir uns eine eigene Welt auf dieser Erde geschaffen haben.

Der Mensch ist zu Gast im Reich der Naturgeister, die stets im Einklang mit der irdischen Schöpfung leben.

DER MENSCH ERSCHAFFT SEINE EIGENE WELT

DIE WELT DES REINEN MATERIALISMUS

Der Mensch nennt sich intelligent und wissend. Aus dieser Haltung heraus wurde zwischen sogenannten entwickelten Völkern und einer unterentwickelten Menschheit unterschieden. Es gab danach die sogenannten entwickelten Völker und eine unterentwickelte Menschheit. Der Maßstab wurde von selbst ernannten Forschern, Wissenschaftlern und einer damit einhergehenden Schicht von sogenannten Gebildeten gesetzt. Alle anderen Menschen waren nun ungebildet. So schuf man kurzerhand Ausbildungsstätten, um die teils kühnen und keineswegs wahren Behauptungen von diesen angeblich Wissenden an die Unwissenden weiterzugeben. Die Lernenden erhielten dieses Wissen und trugen es weiter, bis sich eines Tages die neuen Unwahrheiten durchsetzen konnten. Und die Dummen erhielten eine neue Variante von Wissen.

Allmählich wurde nun eine dem »wissenden« Menschen entsprechende Welt geschaffen, die jedoch nie mit der wirklichen Welt unserer Naturwesen und der ganzen Schöpfung eine Einheit bildete. Der sich als intelligent erachtende Mensch verabschiedete sich von den eigenen Wurzeln seiner wirklichen Bestimmung. Damit erschuf er seine eigene Welt. Eine Welt, die auf der Basis des reinen Materialismus aufgebaut wurde und heute in all ihren Auswirkungen erkennbar wird. Letzteres durfte ich selbst erkennen – in meinem »Sehen« der »Geistwelt«, sowohl der menschlichen Seele wie auch der Naturwesen. Was mir nun aber speziell bewusst wurde, ist die Tatsache, dass die Seele sich nach wie vor immer wieder auf diesen Planeten inkarniert. Und all ihr tiefstes inneres Wissen bringt sie immer wieder mit.

Doch mit dem materiellen Körper erhält jedes Wesen jedes Mal ein neues Hirn, das der Materie dieser Erde völlig unterstellt ist und deswegen nicht in der universellen Welt zu denken vermag. Wir können durch unser Hirn nur all das begreifen und erkennen, was irdischer, materieller Natur ist. Alles andere wird von unserem Geistkörper – dem für mich wichtigsten Teil des Menschen – »gelebt« und erfahren: Dem wirklichen, in seiner Ganzheit vollkommenen Wesen des »ICH BIN«, oder auch Seele genannt.

DIE BIBLIOTHEKEN DER WEISHEIT

Inzwischen stehen die Bücher mit all dem Wissen und teils großer Weisheit, sinnvoll eingereiht und gut aufbewahrt in Dutzenden von Bibliotheken. Sie wurden einst von Weisen verfasst, die diese Erde besucht hatten, um dem Menschen ihr Wissen zugänglich zu machen. Aber diese Weisheiten haben keinen Platz mehr in unserer modernen Gesellschaft. Unsere seit vielen Jahren akribisch aufgebaute Wissenschaft hat die Menschen in all der Zeit mehr blind als wissend gemacht und schon gar nicht weise. Und so behaupte ich: Wissenschaft ist dazu da, zu zeigen, dass der Mensch den Beweis erbracht hat, dass er nichts weiß. Wäre dies nicht so, würden die heute lebenden Menschen nicht ihre eigene Existenzgrundlage radikal zerstören.

Man denke z. B. an die Tausenden von arbeitenden Menschen, die während ihrer Arbeit nie das Sonnenlicht sehen können. Ein absoluter Nährboden für Krankheiten. Wenn der Mensch, der nach seinem physischen Tod diese Erde wieder verlässt, sich seines Handelns wirklich bewusst wäre, müsste er eine ganz andere Richtung einschlagen. Er müsste längst begriffen haben, dass er mit seinem Handeln völlig gegen die kosmischen Gesetze verstößt. Gesetze, die von einem in Ganzheit handelnden Geist und einem Universum geschaffen wurden. In dem Zusammenhang – und dieses Wissen durfte ich von meinen Naturgeistern erfahren – hat der Mensch in seiner Art durch all die Epochen, die er auf der Erde anwesend war, nichts begriffen. Nicht begriffen, warum er wirklich hier auf diesem Planeten weilt, wer dieser Planet Erde ist und was er dem Geschöpf Mensch als einmalige, unvergleichliche Lernwerkstatt zur Verfügung stellt. Wohl gab es immer einzelne Individuen, die eine andere Sicht auf die weltlichen Dinge und die Schöpfung hatten oder haben. Aber sie blieben in der Gesamtheit der menschlichen Masse bis heute unbedeutend. Die erzeugte »Walze« von materialistischem Denken und Handeln besiegte jede Vernunft und überrannte alle warnenden Hindernisse. Und so erschuf der Mensch seine ihm eigene Welt! Nie besser erkennbar als im Jahr 2020.

MATERIALISMUS STATT LIEBE

KONSUM UND GLEICHSCHALTUNG

Die Naturwelt besteht nicht aus Masse, die sich evolutionär selber erschafft. Diese Sicht kann nur ein Mensch haben, weil er nicht hinter die Dinge sehen kann und deswegen in seiner Entwicklung, was das Ganzheitliche, Universelle betrifft, völlig im Dunkeln tappt. Ja, seine überhebliche Haltung gegenüber dieser Schöpfung auf diesem wundervollen Planeten hindert ihn selbst daran, wirklich zu begreifen, zu erkennen, zu sehen. Die gesamte Welt, also alle Menschen, die Ideen, die Natur, die Materie, besteht für ihn nur aus »Dingen«, die keinen Wert an sich haben, sondern einen Preis. Alles, was einen Preis besitzt, ist käuflich, daher handelbar.

Als höchstes Ziel gilt dem Menschen heute, die ganze Welt zu globalisieren, diese Kauf- und Verkaufsvorgänge mit Profiten abzuschließen. Um diese ideale Welt zu gewährleisten, soll aus allen Ländern der Erde ein einziger, alles umspannender und gleichgeschalteter Weltmarkt geschaffen werden. Aus der Vielfalt der Völker wurde so mit viel Aufwand eine Konsumgesellschaft erschaffen, eine einheitliche Masse aus Konsumenten. All die Menschen, die dieses Denken nicht hatten oder haben, werden in Schulen ausgebildet und damit »gleichgeschaltet«.

Eine stark materialistische Ausrichtung beeinflusst aber auch unsere sozialen Beziehungen. So wirkt sie sich unweigerlich bereits auf das Wohlergehen anderer Menschen aus. Wissenschaftler haben herausgefunden, dass sich materialistische und soziale Werte wechselseitig bedingen, einer Schaukel gleichen: Wenn materialistische Werte zunehmen, nehmen die sozialen ab. So lässt sich erklären, warum Menschen weniger mitfühlend, großzügig und kooperativ reagieren, wenn sich ihre Gedanken um Geld drehen.

Wenn wir die Natur mit grenzenloser Liebe betrachten, können wir Strukturen ihrer ganzheitlichen Wesenheit erkennen. Was sehen Sie in der Struktur des Holzes?

Menschen, die vom Sog des Materialismus mitgerissen werden, sorgen sich weniger um den Erhalt der Erde. Denn für sie ist die Erde ja einfach da, um beherrscht und ihre Ressourcen genutzt zu werden. Und schon erkennen wir wieder den gleichen Effekt: Bei starker materialistischer Ausrichtung sinkt der engagierte Bezug zur Natur. Studien haben gezeigt, dass sich Menschen, denen Geld, Image und Status wichtig sind, in der Regel

weniger für ökologische Aktivitäten engagieren. Ihnen ist die ganze negative Kraft ihres Wirkens wenig bewusst, und sie werden deswegen kaum Fahrrad fahren oder bereits vorhandene Dinge recyceln.

KOSMISCHE GESETZE UND DER MENSCH

In dieser Hinsicht hat der hier lebende Mensch nicht erkannt, dass er auf einen Planeten inkarniert wurde, der seine eigenen Gesetze und Wesensmerkmale besitzt. Hier herrscht seit Jahrmillionen Leben in intelligentester Form. Aber diese Welt ist in sich geschlossen, und der Mensch hat mit seinem Verhalten nur einen sehr bescheidenen Zugang. Dies zeigt sich immer deutlicher, denn alles, was der Mensch hier kreiert und aufbaut, steht selten im Einklang mit den kosmischen Gesetzen dieser Erde. Und die Ergebnisse sind allgegenwärtig sichtbar: langsame, aber stetige Vernichtung der eigenen Spezies. Denn wenn es nur noch um gewinnbringendes Ausrauben der vorhandenen Erdressourcen geht, kann hinter diesem Treiben kaum mehr umfassende Liebe zu diesem wunderbaren Planeten stehen. Und genau diese Liebe, von den Naturwesen dem Menschen stetig vorgelebt, fehlt schlussendlich in allen Dingen. So auch in unserer täglichen Nahrung, die der Körper zum Leben braucht.

Aus der Sicht des Menschen funktioniert unsere Natur, die ganze Pflanzenwelt in der gleichen Denkweise wie seine eigene, von ihm selbst vorgegebene materielle Welt. Dass dies ein gewaltiger Denkfehler ist, behauptete ich schon Anfang der Siebzigerjahre während meiner Ausbildung zum Förster. Damals widersprach ich unserem Dozenten, als er uns Studenten im Wald erklärte, dass hier draußen in der Natur der nackte Kampf ums Überleben herrsche. Meine Antwort darauf war klar und unmissverständlich. Ich stützte meine Aussage auf mein manifestes Wissen, dass genau das Gegenteil davon stattfindet: nämlich reine Harmonie, gegenseitige Hilfe und Unterstützung in höchster Form von Liebe.

Und als ich danach anfügte, dass die Pflanzenwelt und insbesondere die Bäume miteinander kommunizieren, musste ich verachtende Worte hören. Ja, meine Aussage wurde nur belächelt. Inzwischen hat auch die Forschung diese Tatsache erkannt. Aber die menschliche Vorstellung von einem immerwährenden Kampf in der Natur ist nach wie vor geblieben. Wissen ist eben die eine Seite, verstehen und begreifen die andere.

Wundersame Formen und Gestalten lassen sich in der Natur finden. Sehen wir sie als Zeichen von Harmonie und reiner Liebe, öffnet sich uns eine unbekannte Welt. Welche Gestalt erkennen Sie in der Rinde?

DIE WELT AUS DER SICHT DER NATURGEISTER

DAS UNERSCHÖPFLICHE WISSEN DER PFLANZEN

Betrachten wir diese Welt einmal aus einem anderen Blickwinkel. Schon in frühester Jugend durfte ich erkennen, dass in der Welt der Naturgeister eine völlig andere Sicht auf das Leben herrscht. Wir müssen erst einmal begreifen lernen, dass die ganze Welt der Naturgeister in einem eigenen in sich geschlossenen System lebt und wirkt. Der Mensch hat sich in seiner materiell ausgerichteten Sichtweise diese real existierende Welt zugebaut und daher heute keinen wirklichen Zugang mehr. Auch teils durch die Wissenschaft, die nie in einer umfassenden Vollständigkeit etwas erkennt, sondern immer nur ein Teilchen eines Ganzen bestimmt.

Dazu kommen noch Vermutungen, weil man eben doch nicht alles belegen und beweisen kann. In den Jahrmillionen haben sich die Geister der Natur diese Erde als Lebensraum eingerichtet. Diverse Veränderungen des Klimas, global wie lokal, haben sie auf ihre ganz eigene Art durchlebt. Dabei haben die Wesenheiten eine eigene Intelligenz entwickelt, die dazu führte, dass sich die ganze Pflanzenwelt über all die Jahrhunderte immer vollständig erhalten hat. Wir sehen Pflanzen, erkennen ihre Schönheit in Farben und Formen, aber wir erkennen den Geist der Pflanze nicht.

Und deswegen wissen wir auch nicht, wie die feinstoffliche Ebene der Intelligenz der Pflanzen wirklich in all ihren Facetten funktioniert. Intelligenz, die sich auf feinstofflicher Ebene in Mitteln ausdrückt, die dem Menschen nur in grobstofflicher Sicht etwas bedeuten. Sie ist zugegebenermaßen viel höher als die eines Menschen. In der Natur kommen Strom, Atome, Schwingungen, Strahlungen, Klänge, Farben, Düfte und dergleichen mehr seit jeher in subtilster Form vor. Es sind die uns noch sehr vage bekannten Arten von eindrücklicher Information, die Naturgeister ununterbrochen in ihrer Kommunikation anwenden und nutzen.

Pflanzengeister besitzen eine unerschöpfliche Intelligenz, die ihnen erlaubt, überall zu leben und in Erscheinung zu treten.

Pflanzengeister haben über all die Jahrtausende, in denen sie auf dieser Erde leben und wirken, eine von uns Menschen ungeahnte und nicht er-

kennbare Bibliothek aus Wissen aufgebaut. Dieses Wissen können die Pflanzengeister jederzeit und überall durch die oben genannten Arten auf der Erde abrufen, da sie in einem uns ebenso völlig unbekannten Netz über den ganzen Erdball damit verbunden sind. Dieses Informationsnetz ist nicht nur den Pflanzen eigen, sondern »lebt« auch in allen irdischen, von Naturgeistern belebten Formen, wie Steinen, dem Wasser, der Luft und in den damit verbundenen Strukturen. Daher wird auch »Information« in jeder Struktur weitergegeben. Diese Informationen führen dazu, dass z. B. Pflanzen auf der ganzen Erde vorkommen können, sofern die Bedingungen des örtlich gegebenen Klimas dies zulassen.

Ich durfte von diesen Wesenheiten erfahren, dass durch die unerschöpfliche Intelligenz und das vorhandene Wissen keine Pflanze auf dieser Erde jemals wirklich »ausstirbt«, also aus der Bibliothek der irdischen Schöpfung gelöscht wird. Naturgeister leben immer und überall da, wo sie von der irdischen Intelligenz geschaffen werden. Und dann, welch ein für uns unbegreifliches Wunder, steht eine Pflanze wieder sichtbar an irgendeinem Ort, wächst und blüht. Und Forscher erklären uns, dass erstaunlicherweise wieder diese und jene Pflanze, die sie für ausgestorben hielten, wiedergefunden wurde.

IM REICH DER NATURGEISTER

Niemand kommt auf die Idee zu behaupten, Steine würden aussterben. Sie sind aber genauso Wesen wie Pflanzen, befinden sich jedoch in einem völlig anderen Schwingungsfeld. Und dieser Geist ist in höchster, subtiler Form jeder Lebensenergie eigen. Das führt schließlich dazu, dass Pflanzen seit Tausenden von Jahren diese Erde durchwandern. Das Fantastische dabei ist die Tatsache, dass sich Naturgeister – ihrem freien Entscheiden gemäß – in jeder Form dem Menschen sichtbar machen können. Daher konnten all die Kulturen über Generationen hinweg Naturwesen beobachten. Da sie alle Formen annehmen können, liegt es geradezu auf »der Hand«, dass sich Naturgeister gerne in menschlicher Form zeigen.

Da schließt sich der Kreis: Wir sprechen deshalb von Männlein, Weiblein oder geschlechtsneutral von Zwergen. Dabei ist es natürlich wieder im Sinne der Menschen, dass man ihnen aus dieser Sicht irdisch-menschliche Handlungen und Aktionen »aufzwingt«. Darüber lächeln sie gerne.

Das Weltklima hat sich über Tausende von Jahren stets verändert, da ja auch unsere Erde eine Wesenheit in sich ist, die lebt. Die Pflanzengeister leben im Einklang mit dieser irdischen Schöpfung und besiedeln deswegen diese Welt immer wieder neu. An Standorten, an denen sie dann für eine Zeit »zu Hause« sind. Und wieder hat der Mensch in seiner unglaublichen Kurzsichtigkeit ein Problem damit. Er nennt diese Pflanzen »Neophyten« und glaubt allen Ernstes, dass er ihnen vorschreiben muss, wo, wann und wie sie sich in unserer Welt anzusiedeln hätten oder eben nicht! Und einmal mehr vergisst der Mensch, dass er im Reich der Naturgeister lebt und nicht die Naturgeister im Reich des Menschen!

Die Schönheit der Schöpfung zeigt sich in ihrer untrüglichen Weisheit und einzigartigen Geometrie: einer in sich geschlossenen zusammengehörenden Einheit.

DER EINHEIT DIENEN

DIE KRAFT DES GEISTKÖRPERS

Alles, was in der Schöpfung lebt oder Leben hat, ist auch beseelt. Dieses Leben kommt – wie auch beim Menschen – nicht vom Körper, sondern aus dem unzerstörbaren Teil einer Seele. Ich nenne dies Geistkörper, da durch diese Kraft der physische Körper in der materiellen Welt erst leben und funktionieren kann. Ob Mensch, Tier oder lebende Wesenheiten der Natur. Längst ist mir bekannt, auch durch die Botschaften der Naturgeister, dass in der ganzen Erde alle Lebendigkeit von Geist in unterschiedlichster Form und Gestaltung herrührt. Und weil wir unseren Geistkörper nicht mit physischen Augen erblicken können, so bleibt uns auch diese Geistigkeit unserer Natur weitestgehend verschlossen.

Immer wieder gibt es Menschen, die die spezielle Fähigkeit besitzen, Geistkörper zu »sehen«. Ihnen wie mir öffnet sich damit eine unbeschreiblich interessante Welt, in der man mit einem Mal sehr viele Zusammenhänge erkennt und vieles demnach auch begreifen kann. Aber wirklich verstehen? Immer mehr Menschen erkennen, dass unsere ganze wunderbare, einmalige und in keiner Weise verstandene Natur eine eingespielte Gemeinschaft ist. In dieser wird durch weitestgehend unbekannte Vorgänge miteinander kommuniziert. Diese Art von Kommunikation, so erlebe und erfahre ich es selber, beruht auf diversen Schwingungsfeldern. Dies können Farben, elektromagnetische Felder, Formen, Klänge und gegenseitige Berührungen sein. Auch der Natur eigene Strahlungsfelder. Daraus »lernen« alle Lebewesen des Naturreichs fortwährend. Gegebene Strukturen sowie kosmische Gesetze werden dabei aber nie missachtet. Dies würde ein sofortiges Chaos nach sich ziehen. Es ist eine Intelligenz, die das »ewige« Fortbestehen sichert.

Wissenschaftler erkennen dies und nehmen aus diesem Grund an, dass auch Pflanzen, wie z.B. Bäume, ein Gedächtnis haben. Und sie begannen zu forschen und forschen immer noch. Und eben hier kommt der Mensch wieder in seiner ganzen Schwäche zum Ausdruck. Denn die Forschung meint tatsächlich, dass Erfahrungen und Wissen, auch Weisheit, innerhalb der Pflanze an einem entsprechenden Ort im Organismus gelagert sein müssen, z. B. in der Wurzel. Analog zu den Vorstellungen einiger Mediziner, die durch das Sezieren von Körpern »beweisen« konnten, dass der Mensch keine Seele besitzt!

DER MENSCH ALS GEFANGENER SEINER GEDANKEN

Wir Menschen sind und bleiben von unserem eigenen Hirn gefangen. Und meine Naturgeister zeigten mir deutlich, wie sehr, ja geradezu unbeholfen der Mensch als Forscher im Dunkeln tappt. Hirn in der Wurzel! Wer, wie ich selbst, mit Naturgeistern Kontakt halten kann, erkennt, dass alle beseelten Wesenheiten – hier ausschließlich Pflanzen – genauso von einem Geistwesen belebt werden, wie dies auch bei Mensch und Tier unbestreitbar ist. Ich denke, dass hier der erkennbare Schlüssel liegt. Intelligenz und Gelehrtheit kommen niemals aus der Materie, sondern aus dem Pflanzengeist, den, als Beispiel, jeder Baum besitzt. Es ist geradezu bedenklich, dass all die von uns kaum beachteten Pflanzen eine um vieles höhere Intelligenz im Bereich Kommunikation und Lebensstrategie besitzen als der »gebildete« Mensch. Deswegen sollten wir unbedingt beginnen, von ihnen zu lernen! Wenn wir entschlossen sind, unser ganzes Leben zu einem verständnisvoll in Gemeinschaft mit der Natur wirkenden Faktor zu gestalten, gewinnen wir als Teil unseres Lohnes ein stetig wachsendes Wahrnehmungsvermögen für diese Einheit. Wir können natürlich auch der Natur entgegenarbeiten. Anstatt selbstlos zum Wohle aller zu wirken, nützen wir jede Fähigkeit, die wir besitzen zu rein selbstsüchtigen Zwecken aus. Dass wir Menschen der Natur dieses Wissen und die absolute Weisheit absprechen, zeigt mir die unglaubliche Überheblichkeit. Dabei müssten wir nur noch staunend in unserer Natur leben. Von dieser Art des Zusammenlebens von Empfangen und Geben, Beitragen zur Einheit und von der Ganzheit profitieren, von Dienen und sich gegenseitig zur Seite stehen, von dem sind wir in unserem Handeln meilenweit entfernt. Daraus müssen wir lernen. Naturgeister in reinster Form, unendlicher Liebe und größter Demut, leben und wirken nie eigennützig, sondern immer dem Ganzen dienend. Ohne dass sie ihre Individualität je aufgeben müssen. Mit dieser Strategie werden sie auch noch in Tausenden von Jahren diesen Planeten bewohnen, mit oder ohne Menschen und Tiere.

BESCHEIDENHEIT UND UNENDLICHE LIEBE

»LIEBE IN REINSTER FORM«

Im Reich unserer Naturgeister gibt es einen einzigen Leitgedanken: Er heißt »Liebe in reinster Form«. Leider kennt der Mensch die absolute Liebe in dieser Form gar nicht.

Wie kommt es, dass wir nicht begreifen wollen, dass unsere Naturgeister uns Menschen in völliger Hingabe und unendlicher Liebe begegnen? Geradewegs die Einteilung in brauchbar und unbrauchbar, gutes Kraut und Unkraut, zeigt eine unglaubliche Arroganz des Menschen gegenüber unserer ganzheitlichen Schöpfung. Mit all den Tausenden von Informationen, die Pflanzengeister unserem Körper überbringen können, hätten wir die Möglichkeit, unseren Körper vollkommen fit und gesund zu erhalten, Heilung zu erfahren und dadurch Ganzheit auch in unserem Geist zu erkennen.

Ein bestes Beispiel dafür sind die von uns als schädlich beurteilten, ja sogar als fremde Eindringlinge bezeichneten Pflanzen. Wir stempeln sie als gefährlich, giftig, feindlich und minderwertig ab, geben ihnen dementsprechend Namen. Uns fremde Pflanzen, die sich neu bei uns ansiedeln, beschimpfen wir als »Neophyten«. Hat dieser Mensch begriffen, dass der ganze Wandel der heute hier lebenden Erdenbewohner sein völlig verändertes Bewusstsein und sein sichtbar krankes Umfeld eben genau dazu geführt haben, dass sich neue Pflanzen bei uns ansiedeln, weil wir deren Hilfe jetzt dringend brauchen? Deren Stoffe für unseren Körper vonnöten sind? Genau diese Informationen habe ich in den letzten Jahren erhalten. Pflanzengeister dienen dem Menschen in uneingeschränkter Form.

Ausgehend von einem Dienen in endloser Liebe. Wäre dies nicht so, hätten wir keine Nahrung für unseren Körper. Denn immer und überall lassen die Naturgeister all die Pflanzen gedeihen, die schließlich für Mensch und Tier tägliche Nahrung bedeuten. Darüber macht sich der Mensch kaum Gedanken, ja, er nimmt einfach all das als eine selbstverständliche Tatsache hin.

DIE EINZIGARTIGE SYMPHONIE DER SCHÖPFUNG

Alle Strukturen der Erde sind durch Wesenheiten belebt. Baumgeister leben in den knorrigen Ästen der Bäume in vollkommener Harmonie mit allen Wesenheiten der Wälder.

Wir müssen uns bewusst werden, dass die ganzen Strukturen in der Urmaterie der Erde durch Wesenheiten belebt sind. Es sind die in reiner Harmonie und unendlicher Liebe arbeitenden Naturgeister. Man kann gerne darüber lächeln, diese Welt ins Reich der Fantasie abschieben. Nur muss ich da mit Nachdruck sagen, dass wir in diesen Dingen sogar einem »einfachen« Grashalm unterlegen sind, was die Schöpferkraft in sich betrifft. Die ganze Schöpfung bildet nämlich in der Anordnung des Geistes eine einzigartige Symphonie. Diese wird auf die stofflichen Wesen übertragen.

Die diesseitige Welt trifft hier auf die jenseitige Welt. Sie werden durch gegenseitige, unauflösliche Beziehungen gehalten und miteinander verbunden. Dadurch bildet sich ein zusammengehöriges Ganzes. Alles, was besteht, ist beseelt, also belebt vom Naturgeist, somit assoziiert und verbunden. Dies wiederum zeigt dem Menschen die dahinterstehende Intelligenz, die untrügliche Weisheit und vorurteilslose Zuneigung den Menschen und Tieren gegenüber. So erklärt sich auch Regelmäßigkeit, denn in der Natur ist alles nach einer präzisen Geometrie aufgebaut.

Dabei müsste sich der Mensch längst bewusst sein, dass seine ganzen Handlungen, wie z. B. die gentechnische Veränderung von Pflanzenstrukturen, einerseits in dieser unendlichen Liebe von den Pflanzengeistern mitgetragen werden. Sonst würde dem Menschen nämlich rein gar nichts gelingen. Andererseits werden dadurch im Wesen der Pflanzen Moleküle und sinnvolle Strukturen zerstört oder so verändert, dass die Pflanze als Informationsträger dem Menschen nicht mehr dienen kann. Dies führt dazu, dass wir die heute allseits bekannten Nahrungsmittelunverträglichkeiten erleben, weil unser Körper mit diesen verfälschten Informationen nicht mehr zurechtkommt, ja, diese veränderten Gene ihm völlig fremd sind.

Ganz spurlos geht dieser menschliche Eingriff in die Strukturen der Pflanzengeister dann doch nicht an ihnen vorbei. Darauf komme ich an anderer Stelle zurück. Wir Menschen greifen somit in ein uns völlig unbekanntes System ein. Wir wirken und werken in diesen Ebenen, ohne uns der schlussendlichen Ergebnisse und Veränderung des damit Geschaffenen tatsächlich bewusst zu sein. Ich denke, dass hier auch die Worte von Augustinus deutlich sind, der in einem seiner Werke schreibt: »... Dieser Gott hat, so muss man annehmen, ganz gewiss die menschlichen Reiche, die Herrschafts- und Dienstbarkeitsverhältnisse nicht außerhalb der Gesetze seiner Vorsehung stellen wollen.«

Doch Gott hat eben seinem Werk »Mensch« einen freien Willen zugestanden. Und dieser nutzt ihn offensichtlich bedenkenlos. Die Botschaft unserer Naturgeister ist klar und deutlich: Wenn der Mensch sich gegen die gegebenen Gesetze stellt, muss er die Folgen selber tragen. Der Mensch baut sich so selbst eine Falle, in der er schließlich gefangen bleibt. Für Naturgeister sind diese Handlungen nicht von großer Bedeutung, da sie ohne den Menschen immer schon leben konnten und auch weiter hier auf diesem Planeten leben werden. Ihre Bescheidenheit, umfassende Liebe und das unendliche Wissen lassen sie hier wirken und schaffen, solange es diesen Planeten Erde gibt. Auch ohne Mensch!

Naturgeister zeigen sich in verschiedensten Arten und Formen überall auf dieser Erde. Können Sie die Naturgeister im Fels erkennen?

Naturgeister und ihre Erscheinungsformen

Naturgeister treten in verschiedensten Erscheinungsformen auf: z. B. als Baumgeist, Wasser- oder Luftgeist. Wenn wir richtig »sehen« lernen, öffnen sie die Pforten zu ihrem Reich und laden uns ein, ihre Welt zu spüren und zu erkunden.

DIE ERDE: EINE UNS UNBEKANNTE WESENHEIT

DAS URWISSEN DER WELT

Die Erde hat eine einzigartige Stellung im Sonnensystem, nur auf ihr ist Leben in der uns bekannten Form möglich. Wir sollten daher unsere Heimat im Kosmos sorgsam hegen und pflegen, schützen und erhalten, anstatt ihre Ressourcen hemmungslos auszubeuten und die Natur, unsere Lebensgrundlage, achtlos mit Füßen zu treten.

Noch sind mehr Fragen offen, als Antworten gefunden. So fragt man sich: Warum besitzt die Erde ein Magnetfeld? Was sind die Ursachen von Erdbeben oder Wirbelstürmen? Welche Faktoren bestimmen das Klima? Und wie entsteht eigentlich Smog? Wenn wir die Schöpfung mit unserem Verstand betrachten, erkennen wir schnell, dass aus unserer rein materiellen Sicht Mensch, Tier und Pflanze in der Struktur gleich sind. Es gibt bei allen dreien einen grobstofflichen Körper. Dieser besteht, der einzelnen Spezies zugeordnet, aus Materie. Als grobstofflich bezeichnet man alles, was sichtbare Materie ist. Angefangen vom Gestein über die Mineralien zu den Pflanzen und Tieren und als Oberstes der Mensch aus Fleisch und Blut.

Und so müsste der Mensch zu fragen beginnen, wer sind eigentlich diese Urbewohner der Erde? Wie entstehen täglich Tausende Wunder in der Natur? Welche uns völlig verborgene Intelligenz lebt auf dieser Erde? In den Pflanzen? Der Erde selbst? Das Grobstoffliche ist für uns Menschen sichtbar und messbar, da alles Grobstoffliche in der Zeit schwingt und daher eine messbare Frequenz erzeugt. Aus diesem einfachen Grund glaubt der wissende Mensch, dass es nur diese eine Seite gibt. Natürlich haben viele weise Menschen, Lehrer und auch Forscher auf einen vorhandenen feinstofflichen Bereich hingewiesen.

Doch reine Wissenschaft heißt: Was man nicht sehen oder messen kann, durch irgendwelche modernen Geräte erkennt, gibt es nicht. Und auf dieser Basis wurde nun von den angeblich Wissenden den Völkern eine materielle Welt eingetrichtert. An den Schulen, Institutionen und

Universitäten werden Dinge gelehrt, die unsere Naturgeister einfach erstaunt zur Kenntnis nehmen. Denn, dass die wahre Intelligenz auf dieser Erde in mannigfacher Form schon vor dem Erscheinen des Menschen vorhanden war, ist nur diesen Wesenheiten bekannt. Allen Menschen, die dieses Urwissen erfahren wollen, staunend lernen, allmählich in eine ganz andere Dimension eintauchen wollen, steht dieser Kanal vollkommen kostenlos zur Verfügung.

Die Naturgeister sind bereit, uns ihre eigene Welt zu zeigen, zu eröffnen, zugänglich zu machen. Dazu müssen wir aber gewaltig umdenken, altes unbrauchbares Wissen entsorgen und unsere Ganzheit öffnen. Denn über das menschliche, der Materie zugehörende Hirn werden wir diese Welt nicht entdecken können. Auch in Hunderten von Jahren nicht!

Wenn wir bei einem Waldspaziergang aufmerksam hinsehen, können wir überall Erscheinungen der Naturgeister beobachten, wie hier z. B. einen kleinen Zwerg im Moos.

DIE TÄGLICHEN WUNDER UM UNS

RÜCKKEHR ZU DEN IRDISCHEN WURZELN

Den Wald zu spüren, kann uns helfen, zu unseren irdischen Wurzeln zurückzukehren. Wenn wir die Kraft der Baumgeister erkennen und auf uns wirken lassen, können wir ein ganz neues Wohlgefühl erleben.

Viele Menschen, die in naturfremden Bereichen arbeiten, in Städten und großen Dörfern leben, erkennen wieder, dass unsere Natur ein sehr wichtiger Teil in unserem Leben ist. In den nächsten Jahren werden es immer mehr. Der Besuch von Wäldern mit ihren zum Teil noch vorhandenen älteren Bäumen kann innerhalb kürzester Zeit zu einem ganz neuen Wohlgefühl beitragen. In meinen seit vielen Jahren geführten Waldseminaren erlebe ich die langsame »Rückkehr« des erwachenden Menschen zu seinen irdischen Wurzeln. Wenn die Wissenschaft erklärt, dass der Wald uns guttut, muss ja da etwas Besonderes sein.

Leider sind die meisten Menschen heute nur noch für Dinge aufnahmebereit, wenn sie von Institutionen der Wissenschaft kommen. Ich musste aber längst erkennen, dass die Wissenschaft sehr oft auf Irrwegen voranschreitet, da sie ja leider nie in einer Ganzheit denkt und forscht, sondern nur Segmente von irgendeinem Teil erforscht, erkennt und beurteilt. Das führt dazu, dass die einzelnen Teile an und für sich richtig sind. Doch sie passen nie zusammen, da große offene Wissenslücken dazwischenstehen. Allein schon die Tatsache, dass unsere Natur von höchst intelligenten Wesenheiten in perfekter geistiger Gestalt gelenkt, beeinflusst und dirigiert wird, stellt für unsere heutige Wissenschaft eine echte Barriere dar. Immer noch – wie einst – nach dem Motto: »Was man nicht sehen, messen und greifen kann, das existiert nicht!«

In meiner Jugend habe ich Dinge in der Natur erfahren, die bei jedem Wissenschaftler ein ungläubiges Kopfschütteln und ein mitleidsvolles Lächeln ausgelöst hätten. Und ich erkenne auch heute klar und deutlich, dass man unsere einzigartige Natur immer aus der Sicht des Menschen beurteilt. Da gibt es den Kampf ums Überleben, seinen Platz erobern, ans Licht drängen, Kraft und Macht entwickeln, um ganz vorne, ganz oben, an erster Stelle zu sein. Denn jede Pflanze, als konkretes Beispiel, will ja überleben, alt werden und selbst Früchte tragen. Dieses Denken ist – aus Sicht der Naturgeister – jedoch völlig absurd, ja wirklich vollkommen falsch!

VIELFALT UND WUNDER IN JEDER FORM

Was im menschlichen Hirn in dem Bereich abläuft, ist der ewig gestrige Gedanke an »fressen und gefressen werden«. Diese Sicht mag ja auf den Menschen wirklich zutreffen. Wir finden diese Art von Handlung auch in der Tierwelt. Als junger Student in der Ausbildung zum Förster widersprach ich einem unserer Dozenten, als er uns in einem Wald stehend erklärte: »Hier draußen herrscht der nackte Krieg!« Heute ist die Forschung wenigstens so weit, dass sie erkannt hat, dass z.B. Bäume miteinander kommunizieren. Aber es sind nicht nur die Bäume: Jede Art von Leben in der Natur hat ein System geschaffen, um mit den übrigen Wesenheiten zu kommunizieren. Dadurch entstehen gegenseitige Hilfe, Unterstützung und Zusammenarbeit. Alles läuft nach einem immerwährenden Plan. Das führt dazu, dass eine unglaubliche Konstanz entsteht, die in der Lage ist, alle Schwierigkeiten zu meistern. Dies über den ganzen Erdball. Vorab eben auch unerwartete Eingriffe des Menschen. Hier durfte ich erkennen, dass es keine besseren Lehrmeister als die Naturwesen selbst gibt. Sie verstehen in ihrer Ganzheit eine vollständig andere Welt und füllen sie mit ihren Wesenheiten. Eben eine in sich geschlossene Gestaltung einer auf reine Liebe ausgerichteten Energie: Den uns fehlenden Zugang müssen wir nun wieder mühsam schaffen.

Es ist eine in sich geschlossene Welt, die uns außen vorlässt. Dass aus einem Samenkorn eine Pflanze wird, empfinden wir als ganz normal. Warum eigentlich? Weil es die Menschheit seit Zigtausenden von Jahren einfach beobachten kann. Ein Samenkorn fällt zu Boden, und daraus entwickelt sich eine Pflanze – so ist es eben. Und dennoch ist es jedes Mal ein Wunder. Wie sonst sollte man den Vorgang benennen, durch den aus einem Kirschkern ein Baum wird? Mit all den Merkmalen des Kirschbaums und neuen Früchten. Wie wird aus einem das andere? Wie kann sich der Kern in den Baum verwandeln? Wer vollbringt diese täglichen Wunder?

Wasser und Nahrung sind tägliche Wunder und Gaben der Naturgeister, die der Mensch als selbstverständlich ansieht.

Und doch können wir uns der feinstofflichen Welt zumindest annähern. Es gilt dabei zuallererst die täglichen Wunder, die ja für uns Menschen sichtbar Tag um Tag geschehen, wieder einmal bewusst wahrzunehmen: Blumen, die am Morgen aufgehen und sich am Abend wieder schließen, das Wachstum von Pflanzen in geduldiger Entwicklung: Blatt um Blatt, das entsteht, Keimlinge, die überall aus der Erde sprießen, Pflanzen, die es schaffen, durch einen Asphalt zu dringen, und sich an der Oberfläche zeigen. Früchte, die entstehen und reif werden. Formen, Farben, Gestaltung in tausendfacher Art. Und doch sind auch die Pflanzen alle in ihrer eigenen Anlage ganz individuelle Wesenheiten.

Kein Apfel ist genau wie der andere. Wunder in jeder Form. In meiner jahrelangen Praxis konnte ich immer wieder in neuen Beobachtungen die unglaubliche Vielfalt und Gestaltungskraft unserer Pflanzen bestaunen. Dabei lernte und erkannte ich auch ihre für uns Menschen unglaubliche Intelligenz. Eine solche uns Menschen in allen Dingen weit überlegene Schöpfung im

Hinblick auf Leben und Strategien zum Überleben. Ignorieren ist nicht nur arrogant, sondern zeugt von großer Unwissenheit. In täglichen Wundern wird unserem Körper lebenswichtige Nahrung bereitgestellt: Klares, sauberes Wasser dringt aus den Tiefen der Erde in sprudelnden Quellen an die Oberfläche. Gratis und ohne Auflagen. Wäre es nicht an uns, einmal unseren Pflanzen- und Wassergeistern dafür von Herzen zu danken?

ÜBUNG

» PARALLEL- UND ZWISCHENWELTEN

Bemerkung: Das Feinstoffliche wird von mir in unterschiedlich viele Ebenen aufgeteilt, die in andersgeartetem Ausmaß feinstofflich sind. Die feinstofflicheren Ebenen können auch als »höher« oder als »subtiler« bezeichnet werden. Die grobstofflichen Ebenen werden als »materiell« oder »dicht« bezeichnet. Ich meine hier die physikalischen Eigenschaften der Feinstoffe und nicht die materiellen. Es gilt hier das Konzept der Parallelwelten, die dadurch entstehen, dass sich die materiell sichtbar bestehende Welt durch unsere Entscheidungen in weitere unterschiedliche Welten aufspaltet. Hellsichtige Menschen »begehen« diese Zwischenwelten durch ihre eigene Geistigkeit. Kanäle werden geöffnet: Geist kann dann – ganz einfach formuliert – mit Geist kommunizieren. Das ist der einfachste »Weg«, mit Naturgeistern in jeder Form und Art Kontakt aufzunehmen.

In der materiellen Welt des Menschen hat die feinstoffliche Ebene einen sehr schweren Stand, anerkannt oder sogar bewusst wahrgenommen zu werden. In einer akademischen Welt hat schon das Wort »Glaube« einen fahlen Beigeschmack. Der heute lebende, auf Wissen – leider nicht Weisheit – ausgerichtete Mensch lässt sich nur noch durch Beweise lenken. Feinstofflichkeit kann heute zumindest in der Physik als Gas erkannt werden. Die Entdeckung diverser Quanten feinstofflicher Materie zur Formulierung einer feinstofflich erweiterten Physik trägt immerhin dazu bei, dass die heutige Physik als unvollständiger, rein grobstofflicher und vor allem als reiner Grenzfall erhalten bleibt. Die feinstofflich erweiterte neue Physik umfasst aber immer mehr Themenbereiche:

erweiterte Raum-Zeit-Physik, Astrophysik, Kosmologie, Chemie, Biologie, Medizin, Architektur und dergleichen mehr. Doch Forschung steht immer am Anfang, und all die bislang erbrachten Beweise eine feinstoffliche Welt betreffend mussten früher oder später wieder korrigiert werden. Dies wird auch weiterhin der Fall sein, denn unser Hirn alleine kann nie die Ganzheit und Schöpfung dieser Erde begreifen. Schon gar nicht all die verborgenen Funktionen und Abläufe unserer Natur.

» DIE SPUREN DER SCHÖPFUNG

Deswegen wurde uns schon vor Hunderten von Jahren durch die wirklich Weisen und Wissenden eine Ebene aufgezeigt, die in einem tief verwurzelten Glauben gründet. Und all die Menschen, die sich auf diese Wege begeben haben, wurden auf ihre eigene Art und Weise fündig. Ja, sie erkannten eine Ebene, die weitab des Irdisch-Materiellen existiert. Da diese verborgenen Kräfte einer feinstofflichen Welt in unsere materielle Welt in jeder Sekunde einwirken, können Abläufe und Auswirkungen auch von uns in einer unbeschreiblichen Vielfalt selbst wahrgenommen werden. Die Mannigfaltigkeit an Richtungen und Erfahrungsebenen ist nicht fassbar. Und der Mensch müsste sich hier seiner Einzigartigkeit einmal mehr bewusst werden. Denn es gibt keine Vorgaben, keine Einstellungen von Standards, sondern eine unglaubliche Fülle an eigener Erfahrung. Diese will ich hier aufzeigen und Sie einladen, selbst in diese unendlichen »Welten« jenseits des Greif- und Messbaren einzutauchen.

Die eigenen Erlebnisse und positiven Erkenntnisse werden viel mehr als eine Gegenleistung erbringen: Wir werden damit die klaren Spuren der Schöpfung aufspüren und unserer wirklichen Lebensaufgaben allmählich kundig. Diese Vorgaben müssen wir uns zuerst bewusst machen, erst dann können wir wirklich das »Sehen« erlernen. Denn wenn ich nicht an eine »andere ebenso existente Welt« glaube, kann ich diese ja logisch auch nie finden oder erkennen. Die eigene Schöpferkraft liegt eben direkt im geistigen Feld des Menschen. Hier sind die »Quellen« unseres eigenen Verstehens. Ein Gedanke hat eine direkte Wirkung auf die Materie. Deswegen können wir mit Elementen kommunizieren, denn Geist verbindet sich mit Geist. So ist uns eigentlich längst bekannt, dass es viele Arten von Stoff gibt, die viel feinerer Natur sind. Sie sind für unser physisches Auge schlicht nicht mehr sichtbar. Aber mit der Kraft unseren Gedanken dringen wir in diese Felder ein und versetzen sie in Bewegung. Und da beginnt, vielfach unbewusst, ein direkter Kontakt zum »Leben« der feinstofflichen Welt. Seiner eigenen Kraft muss sich der Mensch hier bewusst werden. Zuallererst müssen wir lernen, unser ständig mit Gedanken beschäftigtes Hirn ruhigzustellen. Das ist nicht einfach, aber absolut erforderlich. Ruhig im Garten zu sitzen, ohne irgendwelche Erwartungen zu haben, kann ein Anfang sein. Danach muss ich mir bewusst werden, dass in der Natur generell eine völlig andere Zeit herrscht. Ich muss lernen, mich dieser Schwingungsfrequenz anzupassen und mir viel Zeit einräumen. Entfaltung und Lebendigkeit von Pflanzen können, im Zeitraffer einer Kamera aufgenommen, sehr gut aufzeigen, dass ständig Entwicklung, Veränderung und Wachstum ablaufen.

Diese ungeahnten Kräfte, von Naturgeistern ausgeführt, werden so wenigstens bildlich sichtbar. Wir lernen ein erstes Mal wieder richtig staunen, und vielleicht erkennt der eine oder andere, dass unsere noch so perfekt erbaute Technik schon von den Möglichkeiten und der Vielfalt einer einfachen Pflanze nachdrücklich in den »Schatten« gestellt wird. Und gleichzeitig wird uns auch deutlich gezeigt, dass immer ein Zusammenwirken von diversen Faktoren besteht: Sonnenlicht, Wärme, Wind, Regen oder Schnee fließen ständig in das Leben dieser Wesenheiten ein. Deswegen interessiert sich eine Pflanze kaum dafür, ob starker Regen, Trockenheit oder Frost daherkommen. Naturgeister wirken in der Materie voller Weisheit und Wissen, sodass Schäden aus menschlicher Sicht gesehen in der Natur selbst keine Bedeutung haben.

Hier unterscheiden wir uns völlig von den Naturwesen. Es geht danach darum, dass wir in einem weiteren Schritt erkennen, dass »sehen« in der Natur nicht mit unseren physischen Augen erfolgen kann. Nun muss unser eigener Schöpfergeist dazu gebracht werden, seine Schwingungsebene zu aktivieren. Dieser Vorgang gleicht einem »Einschlafen lassen« unseres Körpers. In einer Art Zustand des Dämmerns erreiche ich meine innere Geistkraft, öffne dadurch mein »drittes Auge«. Selbst eingetaucht in diese feinstoffliche Zwischenwelt kann ich nun grenzenlos »sehen«, denn Geist ist nicht an irgendeine Grenze oder einen Raum gebunden. Und nun beginnt meine Entdeckungsreise.

DER MENSCH ZU GAST AUF DIESER ERDE

DER ERDGEBUNDENE GEIST

Der Verstand ist an Raum und Zeit gebunden wie alles Irdische. Demnach ist er nur ein Produkt des Gehirns, das zum grobstofflichen Körper gehört. Der Verstand wird sich niemals raum- und zeitlos betätigen können, trotzdem er an sich feinstofflicher als der Körper ist, aber doch noch zu dicht und schwer, um sich über Raum und Zeit zu erheben. Er ist also vollkommen erdgebunden. Offensichtlich wollen wir Menschen uns überhaupt nicht darum kümmern, weil wir genau spüren, dass dieses neid- und hasserfüllte Handeln gegen den Willen des Besitzers ist, der uns die Erde als Wohnung zur Verfügung stellt. Vielleicht nach dem Motto: »Denken lässt den Menschen verstehen. Und das Verstehen bringt nichts als Ärger!«

Es sind die uns achtenden und liebenden Naturgeister, die dem Menschen erst möglich machen, mit seinem irdisch-materiellen Körper auf dieser Erde zu wohnen. So ausgerüstet konnte der Mensch innig verbunden sein mit dem Feinstofflichsten, ja sogar Fühlung haben mit dem Reingeistigen, und doch inmitten von allem Irdischen, Grobstofflichen leben und wirken. Der Mensch allein ist in dieser Weise ausgestattet. Was hat der Mensch zu der Erstehung dieser Erde beigetragen, das ihm ein Anrecht geben könnte, frei über sie zu verfügen? Menschen streiten sich andauernd um Verteilung des Besitzes, ohne sich darum zu kümmern, was der wirkliche Besitzer dazu sagt. Ja, der Mensch arbeitet mit den Gaben der Natur. Aber das heißt noch lange nicht, dass wir schlussendlich entscheiden können, ob und wie viel Nahrung aus irgendeiner Pflanze entsteht.

Und hier muss ich erwähnen, dass Nahrung und Lebensmittel nicht dasselbe für uns Menschen darstellen. Die Welt der Naturgeister gibt es, seit es Leben in irgendeiner Form auf diesem Planeten gibt. Alle Lebewesen, der Mensch eingeschlossen, konnten erst in ihren Formen und Eigenschaften entstehen, nachdem eine Grundlage von ewig sich erneuerndem Leben geschaffen war. Die Tatsache, dass es kein menschliches oder tierisches Leben ohne Naturgeister geben würde, ist uns kaum bewusst.

Die Spuren der Schöpfung ausfindig zu machen, braucht Zeit und unsere ungeteilte Aufmerksamkeit.

PFLANZEN ALS INFORMATIONSTRÄGER

Die Nahrung betreffend, sind uns wohl die Pflanzengeister die wichtigsten. Denn alle Lebewesen, auch die im Wasser, sind schlussendlich von pflanzlicher Nahrung oder der daraus resultierenden Kette von Kreaturen in all ihren Formen und Funktionen und Gestalten abhängig. Pflanzengeister sind deswegen die Urkraft von Leben auf diesem Planeten. Nur eine höhere Macht steht hinter dieser unbeschreiblichen Vielfalt von Lebenskraft: das allumfassende Göttliche in höchster Form. Deswegen wird uns zunehmend bewusst, dass pflanzliche Nahrung für unseren Körper tatsächlich Leben bedeutet. Genauso wie auch für all die Tiere, die auf diesem einmaligen Planeten ihr Leben mit uns teilen. Pflanzen sind Lebensmittel, die eine spezifische Information in sich tragen. Diese Informationen sind persönlich und unterscheiden sich von Pflanze zu Pflanze.

Damit erkennen wir, dass unser Körper eben genau diese Vielfalt an Informationen für seine Zellen braucht. All die Stoffe, die Pflanzen enthalten, reichen in ihrer Mannigfaltigkeit aus, um unseren irdischen Körper zu nähren und gesund am Leben zu erhalten. Interessanterweise erhalten wir, wie nebenbei, auch noch energetische Schwingungen, die ebenso als wichtige Zellinformationen dienen.

Diese Informationen übertragen sich auch auf unsere Geistkörper, sodass ganzheitliche Heilung entstehen kann. Das heißt, wir werden z. B. positiv stimuliert, empfinden Wohlgefühl oder Leichtigkeit, Freude, Harmonie in uns oder dergleichen mehr. Dazu braucht es nun wirklich absolut keine anderen »Füllstoffe« für unseren Körper, schon gar nicht künstlich hergestellte. Heute wird Nahrung auf Hunderte von Arten in der Industrie geschaffen. Auch diese Nahrung enthält eine Art Information in sich. Der wesentliche Unterschied besteht darin, dass der Körper damit jedoch nicht mit unserer Natur kommunizieren kann.

Nahrung wird immer mehr und mehr, mit meist unbekannten Stoffen, von ihrer Urstruktur entfremdet. Wenn wir dann obendrein auch die Pflanzen in ihrem Aufbau verändern, ihre einst eigenen Informationsfelder andersartig werden, erhält der Körper des Menschen oder Tieres ihm fremde, nicht verwertbare oder sogar feindliche Informationen in seine Zellen. Dies führt unweigerlich zu den heute bestens bekannten Allergien oder Krankheiten, auch Nahrungsmittelunverträglichkeiten.

DAS EINGREIFEN DER MENSCHEN

Pflanzen tragen spezifische und einzigartige Informationen in sich. Durch das Eingreifen der Menschen werden diese Informationen verändert und schlimmstenfalls zerstört.

Dazu kommt die großflächige und weltweite Veränderung unserer Böden. Der Mensch hat in seiner Geldgier das Wohl der Erde vollkommen aus seinem Handeln verbannt. So schuf er Monokulturen mit allen möglichen Pflanzen. Dass dies nicht nur auf die Ökologie eine entscheidende Wirkung hat, sondern auch auf die ganze Vielfalt unserer Lebewesen, beginnend bei den Bodenmikroorganismen bis hin zu den größten Tieren, die diese Erde besiedeln, wird zunehmend erkennbar.

Und wen erstaunt es, dass viele unserer Insekten zu x Prozent schon verschwunden sind oder noch verschwinden werden. Der Mensch hat nichts begriffen, und so schafft er aus der einst wunderbaren, harmonisch vollkommenen Erde allmählich eine einzige Wüste. Hier darf ich auf die Rückmeldungen meiner Naturgeister zurückgreifen. Der absoluten Liebe

Bäume und Baumwesen haben seit jeher eine besondere Bedeutung für die Menschen. Ihre heilsame Kraft wirkt seit Urzeiten auf dieser Erde.

unserer Naturgeister ist es zu verdanken, dass die mit eigenem Wissen vollgepfropften Menschen in diese einst vollkommene Natur ohne Bedenken, Hemmungen oder Besorgnis eingreifen können.

Die Naturgeister lassen alles in ihrer grenzenlosen Liebe geschehen, dienen dem Menschen trotz seines unzulässigen Eingreifens. Dabei erkennen sie selbstverständlich, dass der Mensch in diesem Handeln letztendlich nicht der Welt der Naturgeister schadet, sondern auf ganzer Linie den Lebewesen dieser Erde. Das heißt im Klartext: Der Mensch wird durch sein unbedachtes Handeln nicht mehr die dem physischen Körper wohltuenden Lebensmittel erhalten. Die vom Menschen kreierten und völlig veränderten Pflanzen werden den Menschen körperlich nähren, seine Ganzheit aber ebenso verändern. Und dies in einem erschreckenden Ausmaß bis hin zur Selbstzerstörung.

Ein klares Beispiel sind die vom Menschen veränderten Früchte- und Gemüsearten, Getreide und andere: Um mehr Erträge zu erreichen, hat man riesige Monokulturen geschaffen, die anschließend auch ein riesiges Tummelfeld für all die Insekten wurden, die mit diesen Pflanzen leben. Wen wundert es, dass man dann zur chemischen »Bekämpfung« schritt. Natürlich wiederum mit gravierenden Folgen für das ganze Ökosystem. Oder z. B. unser in Plastik- und Glashäusern angebautes Gemüse. Von den Pflanzengeistern kommt da eine klare Botschaft: Eine Pflanze, die nicht mit den Elementen der Erde direkt verbunden ist, kann die dadurch fehlenden Informationen auch nicht weitergeben.

Das heißt, die Pflanze baut gewisse Zellen schon gar nicht mehr auf. Dadurch entsteht eine verkümmerte Form von Nutzen für den Menschen oder die Tiere. Ein Gemüse als Beispiel, das Sonnenlicht nur durch Plastikplanen erhält, keinen Zugang zu gewachsener Erde bekommt und Regen und Wind nicht kennt, trägt all diese Informationen nicht in sich. Diese Informationen benötigt die Pflanze selbst nicht für ihr Wachstum, denn sie lässt sich durch ihre bedingungslose Liebe in alle noch so speziellen Korsetts zwängen. Doch dem Nutzer fehlen diese Informationen danach in seinen Zellen, da sie für unser ganzheitliches Wohlbefinden, unsere körperliche Gesundheit unabdingbar sind. Wir erhalten einen energetischen Mangel. Der Mensch dreht sich auch da einen Strick, denn seine Nahrung ist »tot«! Viren lassen grüßen!

Man kann mir hier unterstellen, dass dies »Schwarzmalerei« sei. Deswegen will ich klarstellen, dass dies die Informationen unserer weitgehend unbeachteten Intelligenz der Naturgeister selbst sind. Die Intelligenz und die Weisheit der Pflanzengeister zum einen und die der Naturgeister im Allumfassenden reichen weit über jene des Menschen hinaus. Der Mensch wird dies nicht wahrhaben wollen. Wer sich jedoch die Mühe gibt, die uns heute präsente Welt wirklich mit offenen Augen, der nötigen Achtung für das um uns täglich erkennbare Geschehen zu beobachten, erkennt die Botschaft der Naturgeister mühelos.

Wir sind hier zu Gast auf dieser Erde. Getragen, umsorgt und genährt von uns unbeschreiblich liebenden Naturgeistern. Ihre Liebe, Demut und das Dienen an einer Ganzheit in sich und nach außen lassen diesen Planeten zu einer einzigartigen Wohnstätte für Mensch und Tier werden. Eine einzige Frage, die der Mensch sich stellen müsste, lautet: »Benehmen wir uns hier wirklich so, wie sich ein anständiger, rücksichtsvoller Gast in einem Haus bei Freunden benimmt?«

DAS WESEN DER PFLANZENGEISTER

VERBINDUNG VON GEISTIGER UND MATERIELLER WELT

Mit Pflanzengeistern in Kontakt zu treten, ist immer ein besonderes Erlebnis. In meiner langjährigen Praxis habe ich diese Wesenheiten sehr schätzen gelernt. Nebst all den Naturgeistern wurden mir die Pflanzengeister zu echten, mir stets verbundenen Freunden. Wenn man mit ihnen kommuniziert, erfährt man eben auch die ungetrübte Freude, Freiheit und ein Sein im Sein. Man erkennt ihre unendliche Demut, Liebe und die der Gesamtheit dienende Arbeit. Es gibt Dutzende von Variationen, Leben zu leben, und sie öffnen sich uns wie erblühende Blumen.

Einen ganz besonderen Zugang zur Kraft der Pflanzengeister durfte ich durch das mächtige, weise und irdisch sehr alte Baumwesen erfahren. Der Baumgeist wurde ein ganz besonderer, sehr nahestehender Freund von mir. Mit ihm kann ich in die tiefsten Ebenen der Erde eintauchen. Und ich durfte eine Welt kennenlernen, die hier existiert, aber vor uns Menschen völlig verborgen bleibt und in sich geschützt arbeitet.

Der Geist eines Baumes strahlt eine ihm sehr eigene Energie von urtümlicher Schwingung aus. Durch diese starke Lebensenergie besitzt jeder Baum eine ganz spezielle Aura. Diese meist kraftvoll strahlenden Farbfelder kann man im abendlichen Dämmerschein am deutlichsten erkennen, das heißt sogar mit den physischen Augen wahrnehmen. Dazu braucht es etwas Übung, aber die dazu aufgebrachte Geduld wird mit einem nachhaltigen Staunen belohnt.

Bäume hatten schon immer eine ganz spezielle Bedeutung für den Menschen. In verschiedensten Kulturen wurden und werden sie als besondere Wesen anerkannt. Als Beispiel die Maulbeerfeige in Aksum oder der Banyanbaum, der insbesondere von Hindus als heiliger Baum verehrt wird. Zweige der Banyan-Feige werden bei rituellen Handlungen seit Jahrhunderten eingesetzt. Die alten Germanen kannten einen »Weltenbaum«, den sie Yggdrasil nannten. Und im Mythos der Sibirier sind Himmel und Erde durch einen »großen Baum« vereinigt, ebenfalls ein Weltenbaum, durch den auch alle Welten miteinander verbunden sind. Man kann immer wieder in Büchern nachlesen, dass der Baum eine symbolische Verbindung von der materiellen Welt mit der geistigen Welt darstellt.

UNBEKANNTE DIMENSIONEN UNSERES GEISTES

Pflanzengeister im Allgemeinen und Baumgeister im Besonderen sind den Menschen sehr zugetan. Wie man einen Kontakt herstellt oder zumindest in die Schwingungs- und Energiefelder eintauchen kann, beschreibe ich im praktischen Teil »Energiefelder anwenden«.

Vorab geht es um die Erkenntnis, dass diese Kraft wirklich vorhanden ist. Dass wir durch sie letztlich in uns selbst in noch absolut verborgene Ebenen eintauchen können. Dazu müssen wir erst in die unerschöpfliche Vielfalt der Geheimnisse unserer Natur einen Einblick erhalten. Bildlich und lebendig lernen, was wir als Menschen hier für unser eigenes, glückliches und körperlich gesundes, vitales Leben benötigen. Denn in den Feinheiten der ungeahnten Weiten unserer Naturgeister erkennen wir unsere eigene, vielleicht bislang völlig unbekannte Dimension unseres schöpferischen Geistes. Diese Ebenen übersteigen die Vorstellungskraft unseres auf Materie ausgerichteten Hirns. Man kann diese Ausdehnung in uns bislang gänzlich unbekannte Welten nur durch die eigene Ganzheit erfahren, erkennen und mit überwältigtem Staunen aufnehmen. Geführt und liebevoll umsorgt z. B. von einem weisen Baumgeist, der in diesen Dimensionen seit Zigtausenden von Jahren »zu Hause« ist.

Inzwischen kann auch unsere Forschung Energieströme durch Messungen nachweisen. Mir ist dies längstens bis in die Details bekannt, und seit ich mich zurückerinnern kann, habe ich immer wieder von Vorgängen und Abläufen unserer Baumgeister erzählt. Angeblich Wissende belächelten diese Botschaften mitleidsvoll. Und noch heute schieben wissenschaftsgläubige Menschen Erzählungen der »Sehenden« ins Reich der Fantasie und der schönen Märchen ab.

Und doch, die Wissenschaft forscht weiter: Interessanterweise werden unsere »Märchen« in einigen wenigen Bereichen zunehmend wissenschaftlich belegbar. Ich frage mich oft, ob wir unsere unbeschreiblich schöne, außergewöhnlich vielseitige Welt, von der wir nur sehr wenig wissen, nur durch Beweise »kennen«-lernen wollen. Dann bleibt sie uns aber noch sehr lange, oder für immer, weitestgehend verschlossen.

Es gibt immer weniger weise, alte Bäume in unseren Wäldern. Wir müssen Generationen auf ihre Rückkehr warten.

DAS WESEN ALTER BÄUME

Forschung zeigt, dass wir eben forschen, nicht wissen. Weisheit ist ohnehin weit davon entfernt. In all den Jahren, in denen ich im schweizerischen Forstdienst arbeitete, konnte ich diesbezüglich eine sehr spezielle Erfahrung machen. Als junger Förster, positiv geprägt von dem Wissen meines Vaters, lernte ich, dass alte Bäume sehr wertvoll sind. Dementsprechend hatte man auch einen starken Bezug zu diesen Wesen. Seit alter Zeit und über Generationen achtete man auf sie. Im Lauf der Jahre, unterstützt durch wissenschaftliche Theorien, wurde den Förstern beigebracht, alte Bäume aus den Wäldern zu entfernen. Man sprach offen von »Überalterung« der Wälder. Und so begann eine richtige Jagd nach alten Bäumen, ja man unterstützte und förderte die Waldbesitzer geradezu bei dieser Handlung. Mir selbst war dies nie geheuer, denn die Informationen der Baumgeister zeigten genau in die andere Richtung: Je älter ein Baum wird, desto schneller wächst er.

Der Mensch hat auch hier, in Ermangelung jeglichen Wissens und unterstützt durch damals anerkannte, aber völlig falsche Studien, den Wald stark verändert. Die alten Bäume sind heute weitestgehend in den Nutzwäldern verschwunden und nur noch in kleinen Reservaten oder Schutzwäldern vorhanden. Und jetzt, nachdem ein Großteil des Waldes ohne alte, weise Bäume steht, hat ein internationales Forscherteam die damaligen Annahmen als »völlig verkehrt« bestätigt.

Wälder müssen, das erklären die Baumgeister schon lange, nicht durch den Menschen verjüngt werden. Denn der Mensch kennt ja das ganze System der Natur gar nicht! Uns bleibt also nichts weiter übrig, als mehrere Generationen zu warten, um irgendwann wieder weise, alte Bäume in den Wäldern zu besitzen. Das wird heute in Waldreservaten wieder angestrebt. Es zeigt klar auf, dass eine einzige menschliche Generation das Werk von vorhergehenden Generationen zerstören kann. Die Folgen werden auch da nicht ausbleiben. Zudem ist die moderne Forstwirtschaft noch meilenweit davon entfernt, ökologisch zu arbeiten.

DIE MAGIE DER BAUMGEISTER

Baumgeister werden auch von vielen – von der Kraft der Natur inspirierten – Malern in ihren Bildern wiedergegeben. Übt doch der Baum schon allein durch seine einzigartige und äußerst vielfältige Erscheinung eine bezaubernde Magie und Kraft auf den Menschen aus. Nicht umsonst fühlt sich der Mensch bei einem Baum besonders geborgen, angenommen, aufgenommen und geschützt. Und wenn es nur darum geht, bei einem überraschend starken Regen unter seinen ausladenden und einladenden Ästen Schutz zu finden. So kann man immer wieder feststellen, dass auch Naturgeister sehr oft in Vielzahl um einen Baum versammelt sind, ja sich sogar ganz nah an seinen Stamm schmiegen.

Es kommt nicht von ungefähr, dass Menschen, die im Wald Bäume fällen, mir mehrfach bestätigt haben, dass sie jedes Mal ein speziell ungutes Gefühl in ihrem Innern empfanden, wenn sie ihre Arbeit am Baum begannen. Es ist in ihnen plötzlich eine Bewusstheit da, dass dies ja ein Lebewesen ist, das vielleicht schon seit sehr vielen Jahren diesen Platz mit seinem Wesen belebt. Unbewusst oder bewusst wird der Mensch hier in seinem Handeln direkt berührt. Ja, vielleicht erkennt er in diesem Moment in seinem Innersten, dass er auf eine bestimmte Art etwas zerstört.

Und wieder ist es die vollkommene Liebe, die dem Menschen dient, sodass er sein Haus, Bett, einen Wandkasten oder dergleichen mehr aus diesem Holz des Baumes für sich nehmen darf. Ein Baumgeist verschwindet mit dem Baum, dem irdischen Teil der Materie. Wird der Baum gefällt, zieht sich der Baumgeist zurück in die Ganzheit der Naturgeister. Dies natürlich auch, wenn der irdische Teil eines Baumes seinen Lebenszyklus altershalber abschließt. Von dort wird er einem neuen Keimling Leben geben, und seine Tätigkeit beginnt wieder aufs Neue. Und deswegen bleiben Erfahrung und Weisheit ewig im Kreislauf dieser Erde! Ein absolutes Mysterium.

Dies ist der Grund, weshalb Menschen nicht mit ihrer Denkweise klarkommen. Überall in Büchern, Zeitschriften usw. sprechen »Fachleute« vom »Sterben« der Bäume. Junge Keimlinge haben zu wenig Licht und müssen deswegen sterben. Bäume werden im rauen Klima der Erde untergehen, junge Bäume wegen des vielen Schnees geknickt, sind früher oder später dem Tod geweiht. Es ist demnach nicht verwunderlich, wenn auch die breite Menschheit diese Meinung vertritt. Aber sie ist völlig falsch und entspringt einem rein menschlich-materiellen Denken.

DAS UNENDLICHE SEIN DER BAUMWESEN

Klar können sich Bäume z. B. durch menschlich verursachte Eingriffe wie Luftverschmutzung, starke Immissionen oder dergleichen mehr zurückziehen, sodass wir die trockenen, leblosen Holzriesen sehen. Aber Pflanzen sterben nie! Sie ziehen den Geist aus dem materiellen Teil zurück, und danach bleibt Biomasse übrig, die wiederum sehr wichtig für den Aufbau des Bodens ist. Der Wald z. B. düngt sich selbst. Und danach entstehen neue Pflanzen.

Erst durch diese Vorbereitung wird es einer nächsten Pflanzenart möglich sein, hier zu gründen und gedeihen. Das ist Intelligenz und Weisheit. Kann man die Energie eines Baumgeistes zumindest spüren, erlebt man eine ganz individuelle Geschichte am Baum verharrend. Sieht man seine Aura sogar, kann man erkennen, dass ein Baumgeist keine direkte Individualität ausstrahlt. Er hat Zuneigungen und Abneigungen und kann uns diese auch klar spürbar übermitteln. So erkennen wir bewusst, von unserem Inneren ausgehend, dass wir uns bei einem Baum sehr angenommen und dementsprechend wohlfühlen, derweil an einem anderen Baum genau das Gegenteilige erfahren wird.

Das absolut Spannendste an dieser Geschichte ist die Tatsache, dass dieser Baumgeist schon etliche Male denselben Vorgang abgeschlossen und unzählige Male wieder aufs Neue begonnen hat. Hier wird uns klar, dass dieser Pflanzengeist durch sein stetes Auf-der-Erde-Sein, einen unermesslichen Reichtum an Erfahrung und Weisheit aufgebaut, ja sich angeeignet hat. Und das in vielleicht schon sagenhaften Hunderttausenden von Jahren. Diese spezielle Eigenheit macht ihn zu einem außergewöhnlichen feinstofflichen Wesen, dem wir als Baum begegnen dürfen. Seine Weisheit gibt er dabei sehr gerne in dienender Liebe dem Menschen weiter, sofern dieser bereit ist, dieses vollkommene Geschenk anzunehmen. Genauso, wie er auch seine Früchte dem Menschen frei zur Verfügung stellt. Dazu muss der Erdenbewohner jedoch zuerst lernen, einem Baumgeist mit Achtung, Demut und großem Respekt zu begegnen. Sich in sein Schwingungsfeld einzubringen, um dann selbst im unendlichen Sein zu sein.

Baumgeister sind uralte Wesenheiten. Wenn ein Baum stirbt, verschwinden sie nicht einfach: Sie ziehen sich zurück in die Ganzheit der Naturgeister.

DAS WESEN DER WASSERGEISTER

DIE QUELLE DES LEBENS

Das Wasser, wie wir es als gegeben ansehen, ist wohl das wichtigste Element dieser Erde. Aus diesem Grund will ich auch auf dieses Element einerseits und die Wassergeister im Besonderen eingehen. Auch schon in der Mythologie wurde seit alters her von unzähligen, verschiedenartigen Wasserwesen berichtet. Natürlich gab es auch hier dasselbe Problem wie bei den anderen Naturgeistern: Nur sehr wenige Menschen konnten diese Geistwesen wirklich sehen.

Auch in Sagen und Märchen kommen häufig Wasserwesen vor, wie Meerjungfrauen, Nixen, Undinen oder Wassermänner. Also erkannte man doch schon immer, dass es Wasserwesen in einer bestimmten Form geben musste. Und so kennt man diese Wassergeister auch in den Religionen, beispielsweise dem tibetischen Buddhismus, wo sie als Nagas oder Lu bezeichnet werden. In den anderen großen Religionen, aber ebenso in indigenen afrikanischen, asiatischen und lateinamerikanischen Religionen wird Wasser als Quelle des Lebens und als Geschenk des Schöpfers oder der Schöpfer verstanden.

Im Hinduismus misst man dem Wasser eine große Bedeutung bei, besonders deutlich sichtbar an heiligen Flüssen wie dem Ganges. Wassergeister sind Elementarwesen. Sie sind ausschließlich Träger dieses Elements. Es gibt – nebst den Luftgeistern – kein anderes System, das die ganze Welt beinahe lückenlos umspannt wie das Wasser. Daher sind Wassergeister auch überall auf dieser Erde, wo Wasser in irgendeiner Form auftritt, vorzufinden. Ohne diese Geistwesen wäre Wasser genauso »tot« wie eine vertrocknete Pflanze. Wasser kann demgemäß auch von Geistern verlassen werden. Dann fault es und verliert seine lebenspendende Kraft. Wir finden hier eine klare Parallele zu anderen Elementen.

BEGEGNUNG MIT DEN WASSERGEISTERN

Wassergeister konnte ich in meinem Leben als erste Lebensart klar entdecken. An einem Bergbach harrte ich lange Zeit aus, denn irgendwie war da nicht einfach weiß schäumendes Wasser zu erkennen. Schon das beständige Rauschen des über die Felsen und Steine hüpfenden Wassers empfand ich als einen ständig wechselnden Gesang. Es war, wie wenn hier ganz feine Stimmen das Plätschern und Rauschen begleiten würden. Und mit einem Mal sah ich hell leuchtende, den Luftgeistern sehr ähnliche Erscheinungen. Es war einfach nur fantastisch. Im aufspritzenden Wasser tanzten sie, saßen für ganz kurze Momente auf den schäumenden Wellen. Ihr Aussehen veränderten sie dabei ständig. Ich konnte nicht mehr wegsehen, war einfach nur überwältigt von diesen Wassergeistern. Ganz klein als glitzernder, hell funkelnder Lichtstrahl, dann wieder größer, in länglicher Gestalt. Ihr Gebilde war, wie das Wasser selbst, ständig in Bewegung und im Fluss von Auf und Ab. Dass man sie so gut erkennen konnte, war dem Umstand zuzuschreiben, dass sie, analog der menschlichen und tierischen Aura, all die Farben zeigten: wechselnd, jedoch immer völlig bunt.

Dieses Erlebnis ließ mich natürlich nie mehr los. In all den Jahren durfte ich dann auch noch weitere Wesensarten von Wassergeistern kennenlernen. An stillen Gewässern zeigen sich diverse Wassergeister in völlig unterschiedlichen Formen. Mit einem Mal wusste ich, warum man z.B. Meerjungfrauen auf Bildern darstellt. Wassergeister können unseren menschlichen oder einen tierischen Körper in der Form nachbilden. Doch nie entsteht dabei eine »Ganzheit«, sondern die Form »verschmilzt« in der Endung ins Wasser übergehend.

Diese Bilder wurden sicher schon früher von Menschen beobachtet und in Gemälden festgehalten. Doch wie überall hält sich der Mensch für intelligenter, weiß, dass es das nicht gibt, und schon sind wir wieder bei den Fantasien und Märchen angelangt. Der Aberglauben jedoch ist im modernen Menschen selbst verankert. Er weiß gar nicht, welch wunderbarer, einmaliger Welt er sich verschließt!

DIE REINIGENDE KRAFT DER WASSERWESEN

Nachdem ich nun schon sehr lange mit all den Wassergeistern in Kommunikation treten durfte, weiß ich um ihre »Welt«. Alles Leben entspringt dem Wasser. Wo Heilquellen fließen, ist auch die Präsenz von Wassergeistern höher als sonst wo. Denn hier geht es, genau wie bei der Pflanze, um

Informationen für unseren Körper: Heilendes Wasser heißt, ganz besonders reichhaltige, wertvolle Angaben für meine Körperzellen zu erhalten. Beim Trinken nimmt mein Körper notwendige Informationen als heilende Schwingungen auf. Es sind die Wassergeister, die einerseits das Wasser beseelen und andererseits Körper, Geist und Seele in uns in tiefster Liebe damit berühren. Da muss man nicht erklären, warum sich die äußere Berührung von Wasser auf dem Körper ungemein wohltuend anfühlt.

Wassergeister sind uns Menschen sehr hold gestimmt. Nicht umsonst kann der Mensch mit Wasser völlig unsinnig umgehen. Wir sind uns kaum der Tatsache bewusst, dass ohne unser Wasser jedes Leben auf der Erde sehr bald enden würde. Wassergeister reinigen das Element von Schadstoffen aller Art. Doch inzwischen hat die verheerende Verschmutzung des Wassers durch den Menschen abartige Ausmaße angenommen. Tagtäglich fließen »Abwässer« in jeglicher Form und Mischung in den »entwickelten« Ländern dieser Erde in Flüsse, Seen und schließlich das Meer. Die ebenso wichtigen Gefühle und Gedanken, die der Mensch diesem Element dabei entgegenbringt, lässt die Wassergeister erschauern.

Zwei der wichtigsten Bausteine des Lebens hier auf der Erde sind Salz und Zucker. Wiederum erkennen wir Parallelen von Wissen und Weisheit. Während der wissende Mensch mit beiden Produkten sehr verschwenderisch umgeht, ja den eigenen Körper damit schädigt, arbeiten die Wassergeister in subtilster Form und Weisheit mit diesen wichtigen Bausteinen. Wiederum ist es das Element Wasser, das beides in sich trägt. Wie auch in anderen Bereichen ist es zu starken Veränderungen auf dieser Erde gekommen. Wenn Wasserkraftwerke ganze Flüsse stauen, in ihrem natürlichen Lauf verändern, »staut« sich auch der Unwille der Wassergeister. Wohl ist ihre von Liebe getragene Wesenheit bereit, dem Menschen zu dienen.

Was dieses Element betrifft, hat der Mensch jedoch den Bogen völlig überspannt. Die Wassergeister sprechen da eine klare, unmissverständliche Sprache. Denn da, wo sich die Wassergeister zurückziehen, wird ein Leben von Mensch und Tier beendet sein. Die Pflanzengeister wandern in andere Teile der Erde, und nebst dem fehlenden Wasser wird dann auch die Nahrung für unseren Körper fehlen. Unterstützen wir deswegen die Wassergeister mit unserem bedachten Handeln. Zudem können wir, jeder für sich, auch reinigende Rituale ausführen kraft unserer Gedanken.

Wassergeister sind Elementarwesen mit sich ständig wandelnder Erscheinung. Ohne ihre unendliche Zuneigung und Liebe wäre ein Leben auf der Erde nicht möglich.

DAS WESEN DER LUFTGEISTER

DIE KRÄFTE DES HIMMELS

Man kommt in der ganzen Welt der Naturgeister folglich an einem der wichtigsten Wesen der Erde nicht vorbei, ohne dies speziell zu betrachten. Ich will hier nur kurz auf die Luftgeister eingehen, obwohl sie diese Erde am häufigsten und ganzheitlich durch- und umwandern. Wir kennen sie unter der Bezeichnung Sylphen, und für mich gehören auch die Elfen dazu. Wer kennt nicht die feinen Berührungen von Luftgeistern am eigenen Körper, sanfte Körperkontakte, die uns auch die Düfte all der Pflanzengeister bringen. Wir erfreuen uns einer kühlenden Brise an heißen Tagen, ängstigen uns jedoch ebenso vor brausenden Winden, die stürmisch über Land und Wasser ziehen.

Luftgeister sind in ihrer Zartheit einmalig. Ihr Wesen ist von großer Heiterkeit und klärender Freude. Sehen sie das aufsteigende Nebelgeistwesen? Es fordert sie zum Tanz auf!

Luftgeister stehen auch symbolisch für die Feinstofflichkeit. Kein anderer Naturgeist kann in dieser Art unser Herz öffnen oder, entgegengesetzt, uns in Angst und Schrecken versetzen. Luftgeister sind in ihrer Zartheit, Feinheit einmalig und werden daher auch mit Leichtigkeit in Verbindung gebracht. Wie kein Geist der Natur es sonst vermag, öffnen sie die Kräfte des Himmels. Der Mensch – in seiner kleinen »Welt« – glaubt doch tatsächlich, er hätte das Recht, in diese Sphären einzugreifen: Wir versuchen doch tatsächlich, das irdische Wetter zu steuern. Doch damit legen wir uns mit einem Naturgeist an, dessen Kräfte und Möglichkeiten die des Menschen in tausendfacher Art übertreffen.

Luftgeister reagieren sehr ungehalten darauf. Auch sie lieben die Menschen, die Tiere, die Erde. Aber sie lassen nicht mit sich spielen. Zusammen mit den Wassergeistern bilden sie Wolken, erzeugen Böen, Stürme und Orkane. Nichts leichter als dies. Sie tragen damit zu einem irdischen Luftaustausch bei. Und wen wundert's? Die von uns ernannten Wüsten der Erde sind für Luftgeister wertvolle »Quellen« für wichtige Mineralstoffe. So »tragen« sie Jahr um Jahr Millionen dieser Partikel über ganze Kontinente und düngen damit – aus Afrika kommend – z. B. die Regenwälder des Amazonas. Staunend können wir sie immer wieder am Himmel beobachten. In abwechslungsreichen Bildern senden sie uns Botschaften zu. Wer Augen hat – der sehe!

Luftgeister helfen uns in vielen Bereichen, sodass wir uns »nach oben« öffnen können, negative Gedanken überwinden und positive, lebensbejahende Gedankenfelder erzeugen können. Sie wirbeln in einem reinigenden Gewitter nicht nur festhängende Energiefelder durcheinander, sondern bringen klärende Heiterkeit, Freude und Freiheit. Immer wieder kann dadurch Neues entstehen. Dass wir Menschen in zunehmendem Maße von mächtigen, gewaltigen Stürmen »bedroht« werden, unsere aufgebaute Infrastruktur in erheblicher Weise gestört und teils zerstört wird, hat sich der Mensch voll und ganz selbst zuzuschreiben. Wir sind für unsere Handlungen stets selbst verantwortlich. Wenn Luftgeister von uns zum Tanz aufgefordert werden, dann tanzen sie gerne – nur eben nicht nach dem vom Menschen vorgegebenen Takt!

Luftgeister kann man oft im Äthergewand sehen. Ihnen ist auch der Klang eigen. Helles Lachen, Summen, Rauschen und hörbare Töne aller Art können wir mit unseren Sinnen wahrnehmen.

Verborgene Welten entdecken

Wir betreten diese Erde, um eine Vielzahl an täglichen Wundern zu erleben. Wenn wir die allumfassende Weisheit der Naturgeister erkennen, eröffnen sich uns unbekannte, lange verborgene Welten. Dafür müssen wir unsere irdischen Verstrickungen lösen und erkennen, dass der Geist frei ist und niemals an Materie gebunden.

ALS MENSCH IN DIESER IRDISCHEN WELT

DER GEIST ALS URSPRUNG

Der Mensch steht als Wesenheit außerhalb des lebendigen Systems der hier lebenden und wirkenden Naturgeister. Das heißt, irdisch gesehen natürlich nicht, denn mit seinem physischen Körper braucht er ja diese Erde als Grundlage für sein Dasein. Dazu kommt, dass die Nahrung, die er für diesen Körper benötigt, ebenso eine Verbindung des Menschen mit der Ganzheit der Naturwesen benötigt.

Wissenschaftlich kann man nun diese gesamte Lebensform aus Tausenden von Perspektiven betrachten und erforschen. Die immerwährend geleistete Arbeit der Naturwesen bleibt dabei gänzlich verborgen – unbeachtet vom Menschen. Es gibt Wissenschaftler, die nach eingehender Analyse unserer physiologischen Eigenschaften überzeugt sind, dass unsere Spezies vor Tausenden von Jahren von einer außerirdischen Art auf diesen Planeten gebracht wurde. Dieser These kann ich zustimmen, da ich genau diese Informationen von den Intelligenzen der Naturgeister erhalten habe.

Und es geht noch weiter: Nicht nur von einer Art, sondern von vier Arten stammen die heutigen hier lebenden Erdbewohner ab. Ich denke, dass die Aussage, dass Geist völlig frei ist und niemals an Materie gebunden, noch einen Schritt weitergeht und von den Intelligenzen dieser Erde als Ursprung bezeichnet wird. Geist steht somit immer über Materie, und ich durfte lernen, dass Geist deswegen Materie in jeder Form erschaffen kann. Wie die Siedler fremde Länder betraten, so siedelte sich der Mensch als göttlich geistige Kraft auf dieser Erde an. Dem Wesen Mensch wurde dabei seine ihm eigene Intelligenz mitgegeben. Den physischen Körper konnte er durch die unerschöpfliche Liebe und Zuneigung der Naturgeister nähren und durch ihre unermüdliche Hilfe und ihren Fleiß über Tausende von Jahren, die er auf diesem Planeten wohnt, immer weiterentwickeln. Doch in diesem Teil der menschlichen Fortentwicklung begann der Mensch, sich zunehmend von der Ebene der Naturgeister zu entfernen. Die Erde dominierend, schuf er eine nur noch ihm dienende Welt auf diesem Planeten. Dies war ein entscheidender Fehler, dessen negative Auswirkungen wir heute im ganzen Ausmaß erfahren. Und nicht nur die Naturgeister leiden darunter. Wir steuern geradewegs auf einen Punkt zu, an dem der vom Menschen ausgesandte Bumerang sehr unsanft zurückkommt. Wir ernten, was wir sähen!

DIE UMFASSENDE LEBENDIGKEIT DER ERDE

Rein geistig betrachtet, glaubt der Mensch der heutigen Zeit, anderen Lebewesen gegenüber überlegen zu sein. Doch dies stimmt nur teilweise. Genauso gesehen ist der Mensch ja auch körperlich vielen anderen Wesenheiten gegenüber in vielem unterlegen, denn es gibt Arten, die wesentlich schneller und stärker sind und darüber hinaus instinktiver handeln. Ein besonderes Merkmal, das den Menschen zentral von sämtlichen Lebewesen anderer Arten unterscheidet, ist sein rein materiell betrachtet, leistungsfähiges Gehirn. Dies würde ihm ermöglichen, komplex, strategisch und vorausschauend zu denken, woraus auch die Persönlichkeitseigenschaften resultieren.

Und genau dieses Hirn steht ihm offensichtlich völlig im »Weg«, in einer Ganzheit im Einklang mit den kosmischen Gesetzen zu handeln: den gegebenen Gesetzen, die auf diesem Planeten gültig sind, wenn man wirklich in Harmonie, Eintracht, Zufriedenheit und Wohlbehagen leben will. Durch viele verschiedene Eigenschaften unterscheiden sich Menschen von anderen Lebewesen. Aber die zentrale Erkenntnis, dass der Mensch auf diesem Planeten für eine kurze Zeit zu Gast ist, hat er längst aus seinem Bewusstsein getilgt.

Die meisten dieser Fähigkeiten und Eigenschaften sind dem Menschen durch sein mehr oder weniger entwickeltes Gehirn und die dadurch vorhandene Intelligenz gegeben. Eine Intelligenz, die nur materiell denken und handeln kann, ist jedoch zum Scheitern verurteilt. Genau hier wäre dem Menschen die Möglichkeit gegeben, sich einer viel höheren Intelligenz, die diesen Planeten seit Urzeiten besiedelt, anzuschließen.

Wir Menschen leben hier, arbeiten, unterwerfen uns einer von reiner Materie durchtränkten Welt. Reichtum, Besitz, Geld. All diese Dinge sind erstrebenswert und wichtig. Und wir spüren in unserem Innersten, dass

wir damit nicht wirklich glücklich sind. Aber fanatisch gehen wir diesen einen Weg weiter. Trotzig stellen wir uns selbst gegen alle Vernunft, unser Leben wieder einmal in seiner Ganzheit zu hinterfragen. Und Leben kommt ja auf dieser Erde nicht nur im Menschen vor, sondern eben in allem, was beseelt ist. Diese umfassende Lebendigkeit erstreckt sich bis in die tiefsten Ebenen der Erde. Und damit wären wir wieder bei unseren Naturgeistern.

VERBORGENE GEISTWESEN

Leider erwähnen nur wenige Biologiebücher die Tatsache, dass alle Lebewesen Arten angehören oder Mischlinge verschiedener Arten sind und dass sich diese Spezies im Laufe der Zeit an ihre Umwelten anpassen. So wurde über die Jahrtausende auch die Natur in sich selbst geschaffen. Nicht alle Wissenschaftler weisen wenigstens ansatzweise darauf hin, dass schon aufgrund der winzigen Größe und riesigen Anzahl unterschiedlicher Bauteile Lebewesen wesentlich komplexer als technische Systeme sind. Und sie erwähnen, logischerweise in keiner Weise, dass hinter der ganzen Biologie von Leben Geistwesen in mannigfaltiger Anzahl wirken, da sonst gar kein Leben möglich ist. Doch dahin muss das Denken des Menschen erst einmal kommen!

Und Wissenschaftler lächeln weiter – denn gerade sie, von einem kleinen menschlichen Hirn gesteuerte Wesen, haben von dieser unendlichen Schöpfung die dürftigste Ahnung. Meine Hand kann ich nicht erkennen, wenn ich den Daumennagel studiere. Wenn man dementsprechend die angebliche Entstehung des Menschen aus wissenschaftlicher Sicht liest und die Version der Naturintelligenzen erhält, wird auf einen Schlag verständlich, dass unsere Forschung noch immer in den peinlichsten »Kinderschuhen« steckt.

Gerade deswegen müssten wir uns wieder einmal klar bewusst werden, dass wir diese Erde betreten haben, um diese Vielfalt von Leben und täglichen Wundern wirklich kennenzulernen. Nicht nur, um hier zu wirken und werken und alles auf den »Kopf« zu stellen, um unsere eigene Welt zu schaffen. Oder uns von selbst ernannten Wissenden etwas erklären zu lassen, obwohl wir in unserem Innersten deutlich fühlen, dass dies nicht so sein kann. Es ist vonnöten, mit unseren Naturgeistern wieder viel

Alles Leben auf der Erde ist beseelt. Im Einklang mit den kosmischen Gesetzen erhält der Mensch Zugang zum Reich der Naturwesen.

enger zusammenzuarbeiten. Denn wirkliche Hilfe für ein kluges Fortbestehen der Menschheit kann nur von dieser Seite kommen.

DER MENSCH UND DAS KLIMA

Ein Beispiel, wie der Mensch seine eigene Welt schafft: unser Klima. Es ändert sich, seit es die Erde gibt. Immer wieder wechselten sich im Laufe der Jahrmillionen Kalt- und Warmzeiten ab. Diese Wechsel hatten seit jeher natürliche Ursachen. Diese Tatsache kommunizieren auch Naturwesen. Sprechen wir heutzutage vom Klimawandel, müssen wir im Besonderen die Veränderungen, die der Mensch verursacht hat, einmal gründlich anschauen. Knapp zusammengefasst heißt das: Der Mensch ist verantwortlich dafür, dass es derzeit für ihn selbst und die Tierwelt immer ungemütlicher auf der Erde wird.

Was der Mensch aufgebaut hat, führt dazu, dass er bei fast allem, was er tut, Energie verbraucht. In Fabriken rattern Maschinen. Autos fahren mit Motoren. Computer und Handys benötigen Strom. Diese Energie wird meist durch Verbrennung erzeugt, etwa von Kohle, Öl oder Gas. Dabei entsteht unter anderem das Treibhausgas Kohlendioxid. Die Waldflächen, in denen das CO_2 gespeichert werden könnte, schrumpfen. Sie weichen Ackerland. Außerdem nimmt der Konsum von Fleisch immer mehr zu, was die Erde wiederum noch mehr belastet. Vor gut 200 Jahren begann der Mensch mit der Industrialisierung. Seither hat sich der CO_2-Ausstoß kontinuierlich erhöht.

Doch dies ist nicht das wirklich Schlimme. Die Naturgeister sprechen hier von einem wiederkehrenden Wandel, der im Weltklima vorab von der Sonne stark beeinflusst wird. Denn die Sonne bewegt sich ja schließlich auch. Und was wissen wir Menschen schon über das Zusammenspiel der Planeten! Dementsprechend sind auch die Magnetfelder oder kosmischen Strahlen von großer Bedeutung. Unsere Erde – so auch die Naturgeister – ist selbst in ein lebendiges Feld eingebettet. Vor Hunderten von Jahren war die Erderwärmung demzufolge schon einmal höher als jetzt. Danach kam wieder eine sogenannte »kleine« Eiszeit. Diese Schwankungen der Temperatur sind auf unserem Planeten demzufolge einfach gegeben. In diesem Bereich müssen wir uneingeschränkt global zu denken beginnen.

Die Naturgeister haben diese Veränderungen mit der Erde getragen, und nichts konnte sie daran hindern, hier ihren Lebensraum zu besitzen. Doch das wirklich Negative geschieht: Der heute hier lebende Mensch bringt es fertig, all die Dinge auf der Erdoberfläche so zu verändern, dass seine eigene Existenz bedroht wird. Es sind wichtigere Faktoren, wie die schon erwähnte Verschmutzung des Wassers, der Luft, der Böden (z.B. Plastik). Der Ausstoß von CO_2 bringt auch eine Art »Lebens-Extrakt« für die Grünpflanzen. Denn es ist gerade für das Leben auf dieser Erde unerlässlich. Nur müsste eben die »Mischung« stimmen. Wenn die Temperatur der Erdoberfläche um durchschnittlich 0,8 Grad Celsius ansteigt, ist dies als Nebeneffekt natürlich stark spürbar. Das klingt nach wenig, ist aber genug, um unser Wohlbefinden nachhaltig zu beeinflussen.

Was die Menschheit dadurch erwartet, erzählen die Naturgeister schon jahrelang. Doch der Mensch stellt sich selbst über alles und lässt die kosmischen Gesetze der Erde unbeachtet. Mit Sicherheit werden wir mehr negative Erfahrungen machen müssen als z.B. die Pflanzengeister. Durch ihre Intelligenz, Weisheit und ihr weltumspannendes Wissen können sie sich diesen Veränderungen ohne Probleme stellen. Ihre wichtigsten Vorhersagen für uns sind: Sie werden sich aus vielen Teilen der Erde zurückziehen, während sie in anderen Erdteilen alsbald eine neue Heimat finden.

Als Beispiel die Fichte: Sie hat bereits einen klaren Rückzug aus den tieferen Lagen des Schweizer Mittellandes in höhere Regionen angetreten und wird im Lauf der Zeit gänzlich fortgehen. Das wirklich Negative der menschlichen Handlungen sind die starken Eingriffe in die Materie aller Lebewesen dieser Erde. Naturgeister nennen dies ein »unbedachtes Experiment«! Ungeachtet der menschlichen Einflüsse werden sich die Jahreszeiten verändern. Der Winter in unseren Breitengraden beginnt später und endet früher. Mancherorts werden Hitzewellen im Sommer häufiger. Das Eis an den Polen schmilzt. Vieles von dem aber hat direkt mit dem Lebewesen Erde zu tun. Die Ozeane erwärmen sich, mehr Wasser verdampft. Auch dadurch verstärkt sich der Treibhauseffekt, da Wasserdampf ebenfalls ein Treibhausgas ist.

Zudem nimmt wärmere Luft mehr Feuchtigkeit auf. Es wird mehr regnen; stärkere Unwetter brauen sich zusammen, Sturmfluten zum Beispiel. Und vielerorts hat der Mensch tief in die Strukturen der Erde mit seinem

Unbedacht missachtet der Mensch die kosmischen Gesetze der Wesenheit Erde. Die Pflanzengeister warnen schon lange vor den Folgen dieses Handelns.

Eingreifen Veränderungen geschaffen. Die Belastung unserer Luft, der Gewässer und des Bodens ist zu hundert Prozent seinem unbedachten Handeln zuzuschreiben. Doch unbeirrt sind Arbeitsplätze für die Politiker wichtiger als eine dem Menschen verträgliche Umwelt. Böse gesagt: »Es stirbt sich leichter mit vergifteter Erde, stinkender Luft und toter Nahrung. Hauptsache, man hat bis zum eigenen Ende einen Arbeitsplatz!« Und die kommenden Generationen?

EIN ALLUMFASSENDER WANDEL

Dieser Wandel ist heute gegeben. Wie weit der Mensch und die ganze Welt der Tiere dadurch eingeschränkt, geschädigt oder sogar zu einem großen Teil von diesem Planeten fortgehen werden, das ist auch für die Naturgeister noch weitgehend offen. Denn unser Handeln kann ja auch jederzeit in eine positive Richtung umschlagen. Dieses Maß an Intelligenz müsste der Mensch doch noch aufbringen. Sicher ist, und da sind die Aussagen aller Naturgeister übereinstimmend, dass ein ganz gewaltiges Begebnis aus dem gesamten Wirken unseres Handelns unaufhaltsam am

Entstehen ist und es dementsprechend einen mächtigen, alles umfassenden Wandel gibt.

Was dabei auch klar zum Ausdruck kommt, ist die Tatsache, dass noch viele Tierarten aussterben werden, ja sogar der Mensch in starkem Maße in seiner Existenz betroffen sein wird. Auch wenn heute umgehend große positive Veränderungen durch den Menschen ausgeführt werden würden: Die einzigen Wesenheiten, die all diese Entwicklungen sorglos betrachten, sind unsere Naturgeister. So ist es ein wirklicher Aberglaube, dass z. B. Pflanzen auf diesem Planeten aussterben. Sie sind alle in einer für uns nicht erkennbaren Bibliothek von überwältigender Weisheit in der Matrix für alle Zeiten vorhanden. Und solange es einen Planeten Erde gibt, werden unsere Naturwesen in allen Variationen und Arten hier leben und wirken. Denn diese Erde gehört seit jeher ihnen!

Ist Ihnen schon einmal ein Waldwesen begegnet? Bei einem aufmerksamen Spaziergang im Wald können Sie zahlreiche Naturgeister spüren und bei genauem Hinsehen auch erkennen.

GEDANKENKRAFT IM ÜBERSINNLICHEN AUSBAUEN

TORE IN VERBORGENE WELTEN

In Dutzenden von Erzählungen zahlreicher Völker dieser Erde finden wir das Schaffen von Naturgeistern, ja deren Existenz beschrieben. Es gibt dafür die unterschiedlichsten Bezeichnungen und sehr vielseitige Namen, um einerseits diese Wesenheiten selbst und andererseits ihre vielfältigen Reiche darzustellen. Jede ursprüngliche Übergangsschwelle von einem Element ins andere ist ein eigenes Tor in diese uns weitgehend verborgenen Welten.

Wir können – und das ist auch gut so – nicht einfach in ihre für diesen Planeten wichtigen Reiche eintreten. So finden sich überall, dem suchenden und seriösen Menschen offen stehende, Ein- und Übergänge in diese von mir als Zwischenwelt benannten anderen Ebenen. Wenn wir uns der Natur und ihren Geistwesen in Ehrfurcht und Demut öffnen, so verändern wir uns in unserer Schwingungsfrequenz tatsächlich. Wir begegnen einer berauschenden Weite und Tiefe, einer unbeschreiblichen Fülle von unendlicher Schönheit und Schaffenskraft.

Wir erkennen mit einem Mal, dass sich in der Natur und vor ihren Wesenheiten nichts verstecken und verbergen kann, denn hier tritt alles in vollkommener Ehrlichkeit zutage. Wir erlangen in diesen Reichen nicht nur neue Einsichten, Erkenntnisse und Wahrheiten. Nein, wir erkennen ganz langsam und stückweise die wirkliche, wahrhaftig existierende Welt in ihrer absoluten Geschlossenheit. Die wahre, wirklich erschaffende Kraft, die in dieser Welt hinter all dem Lebendigen steht.

In diesem Moment des Eintauchens in eine uns bislang wahrhaft nicht vertraute Ebene erkennen wir uns selbst in einer ganz neuen Schöpferkraft. Urplötzlich ist nun der physische Körper nicht mehr das Wichtigste für mich, denn in ihm verstehe ich jetzt mein Werk- und Fahrzeug, das ich auf dieser Erde benötige. Denn nur durch diese materielle Hülle bin ich in der Lage, die Erde und all das, was es an materiellem Lernen zu entdecken gibt, auch zu erfahren.

Wenn wir der Natur und ihren Geistwesen in Ehrfurcht begegnen, öffnen sich verborgene Tore in eine andere Welt.

Das Bedeutendste jedoch ist die Tatsache, dass ich jetzt auch begreifen kann, dass mein physischer Körper der Früchte dieser Erde bedarf, um hier gesund leben und sein zu können. Und eben in erster Linie durch gezielte Informationen der Pflanzen. Mit einem Mal stehe ich mitten in diesem Geschehen, erkenne, wie Mitteilungen in der Geisterwelt fließen, wie ganz klar strukturierte Abläufe dazu führen, dass diese Naturgeister mit all ihrer Vielfalt von Leben die ganze Erde dicht besiedeln können.

Und all das, was den Naturwesen als nachkommende Lebewesen – auch der Mensch – folgt, ja erst die Grundlage für eigenes Leben bildet, beginnt hier. Alles, was ihnen nachfolgende Lebewesen in ihren, ihnen persönlich zugehörenden Feldern benötigen, wird unermüdlich von dieser Urkraft, den Naturwesen, erzeugt und in unendlicher Liebe fortwährend abgegeben. Ganz kurz zusammengefasst heißt das, ohne die Naturgeister dieser Erde gäbe es gar kein Leben auf diesem Planeten.

DIE DIMENSION DER WEISHEIT

Wenn man als Mensch in diese gesicherte Dimension eintreten darf, öffnet sich einem eine völlig andere Dimension von Weltanschauung. Wir werden uns mehr und mehr bewusst, dass wir hier zu Gast sind. Nun muss sich unsere innere »Welt« gewaltig umstellen. Denn unsere Prägungen und all das einstudierte Wissen taugen in dieser, sich uns öffnenden fantastischen Welt nichts mehr. Unser Hirn kann diese Ebene nicht definieren. Es kennt diese Wahrheit nicht, kann sie also auch nicht einfach annehmen.

In dieser Zeit müssen wir nun etwas anderes begreifen lernen. Unsere Gedankenkraft muss wieder in dieses Übersinnliche eingebettet werden. Wir erkennen, dass wir einerseits selbst Schöpfergötter im weitesten Sinn sind, jedoch andererseits in einer Dimension leben, die in ihrer Entwicklung von Weisheit weit über unsere Vorstellungen hinausgeht.

Allmählich begreifen wir, dass es wirklich möglich ist, mit diesen Wesenheiten zu kommunizieren. Wir stehen also in unserer eigenen Schöpferkraft tatsächlich über der Materie, sind jedoch mit unserem materiellen Körper während des Lebens auf dieser Erde dieser hier herrschenden Schöpferkraft der Naturgeister klar und deutlich unterstellt. Jedem menschlichen Wesen steht somit diese Zwischenwelt offen. Doch der auf sein eigenes Wissen beharrende Mensch kann nur durch sein Ausbrechen und Freiwerden von einer ihn bislang beherrschenden Macht diese genauso real existierende Welt kennenlernen.

Und wer hier wegen Märchenwelt und großer Fantasie lächelt, der hat leider noch nichts wirklich gelernt. Denn wenn die Mächte der Naturgeister sich wirklich frei entfalten – nur für wenige Stunden, ist der Mensch nichts mehr weiter als ein vom Wind verwehtes Blatt. Das Lächeln wechselt dann wohl auf die andere Seite!

ÜBUNG

» DAS GROSSE MYSTERIUM DES LEBENS

Es fällt bei näherer Betrachtung auf, dass unsere gegenwärtige Menschheit es nötig zu haben scheint, viele Dinge zuerst zu zerstören, zu schädigen oder unbrauchbar zu machen. Erst danach folgt die Erkenntnis, wie nutzbringend, kostbar, schön und wertvoll diese Dinge waren. Wir separieren und differenzieren und analysieren. Das ist das Wesen der intellektuellen, rationalen Art und Weise, unsere heutige Welt zu verstehen. Wir forschen, betrachten und beobachten die uns gegebene Materie und lernen schlussendlich, was andere Menschen längst herausgefunden haben. So glauben die intelligenten Menschen, sie seien das regsame Glanzstück in einer sonst toten Welt.

Wie unsere Urahnen müssen wir wieder einen anderen Weg einschlagen. Nicht eine technisch hochwertige Maschinerie kann uns in die Zukunft führen. Denn Technik wird immer ein Werk des Menschen bleiben, auch wenn wir im Moment daran glauben, dass sie unentbehrlich wertvoll ist. Die Krux an der Sache ist, dass wir glauben, wir müssten uns immer mehr verbessern, entwickeln und moderner werden. Und genau das Gegenteil geschieht: Unselbstständigkeit, Kontrolle, Abhängigkeit, Unfreiheit. Einst hatten die Menschen erkannt, dass es an diesem großen Mysterium des Lebens nichts zu verbessern gibt. Sie verstanden es, all das einfach anzunehmen und sich mit Ehrfurcht und Respekt staunend daran zu erfreuen.

Diese einstigen Kulturen wussten, dass es genügt, wenn man seine Ganzheit und damit all die dem Menschen gegebenen feinstofflichen Sinne wirklich öffnet. Damit wurde es ihnen möglich – und es ist auch dem Menschen von heute zugänglich, die ganze Natur als lebendige, harmonierende Welt zu erfahren. Sie wussten, dass man zu den Naturwesen eine Verbindung schaffen konnte. Durch die unermessliche Liebe der Naturwesen wurde alles Nötige getan, um dem Menschen zu dienen.

Traten die Menschen den Naturwesen voller Liebe, Respekt und Demut entgegen, erhielten sie dort Wissen und Weisheit. Genau so müssen wir wieder handeln. Alles, was es danach noch braucht, ist zu lernen, still zu sein, das Hirn »abzuschalten«, unnützes Wissen abzuwerfen und zuzuhören. Denn was ich selbst mehrfach erfahren durfte: All diese Kontakte sind für das geistige Leben und die eigene Entwicklung vonnöten.

Schlussendlich geht es ja nicht darum, zu lernen und erfahren, wie man seinen Körper krank und schließlich unbrauchbar gestaltet. Es gibt da kaum aussagekräftige Sagen und Mythen, die nicht auf alten Basen von Erfahrungen gründen. Sie wurden nicht durch das Denken eines Einzelnen erfunden und sprechen somit das Unbewusste eines jeden Menschen an. Wir können uns auch dahingehend vorerst einmal in gute Literatur vertiefen. Legenden und Märchen können uns plötzlich Dinge aufzeigen, die wir – vielleicht in anderer Form – selbst erleben oder bereits erfahren haben.

» DER MENSCH ALS GEISTWESEN

Es geht um das »sich selbst vertrauen«. Erfahrungen kann ich nur sammeln, wenn ich meinen eigenen Einsichten, Wahrnehmungen und erlebten Begegnungen auch Glauben schenke. In meinen Waldseminaren höre ich dies immer wieder, dass sich Menschen nicht wirklich getrauen, zu ihren eben hergestellten Erlebnissen zu stehen, sie als wahr anzunehmen. Unsere tieferen Wahrnehmungen sind deswegen verschüttet, weil wir uns diese Tatsache gar nicht zugestehen, dass wir in die feinstoffliche Welt ungehindert eintauchen können. Doch unser Schöpfergeist hat uns all diese Möglichkeiten in ausgeprägtem Maße gegeben.

Denn wir als wirkliche »Geistwesen« sind in diesem Bereich den Naturgeistern ebenbürtig. So geht unser Weg zum »Sehen« erst mal über das physische Auge. Überall warten diese kleinen, kleinsten Bilder, Formen, Farben, Gestalten und dergleichen mehr in allen möglichen Varianten. Es ist ein erster Schritt, diese Dinge einfach mal anzuschauen, wahrzunehmen und mit der nötigen Fantasie einer uns bekannten Form zuzuordnen. Denn Naturgeister können jede Form besitzen.

Wie soll ich also etwas erkennen, von dem ich nicht weiß, wie es wirklich aussieht? Nun gut, einfach mal geschehen lassen, es annehmen als eine Tatsache. So könnt ihr allmählich euer »drittes Auge« aktivieren, es auf diese Art des »Sehens« einstimmen. Es braucht Übung, Geduld und Ausdauer. Aber das Resultat wird euch mehr als entschädigen!

Um eine Verbindung zu den Naturwesen aufzubauen, müssen wir unsere materiellen Gedanken abschalten. So können wir die Welt als lebendig und harmonisch erfahren.

SEINEM INNEREN SELBST VERTRAUEN LERNEN

NATURGEISTER ERKENNEN

Urplötzlich zieht eine kleine Windhose einem Weg entlang, über ein Feld oder einen Feldweg. Sie formt sich zu einer kleinen Kugel, die dann vor sich hin rollt. Eines der interessanten Ereignisse, die ein aufmerksamer Mensch draußen beobachten oder erfahren darf. Aus wissenschaftlicher Sicht kann man dies ganz genau erklären und beweisen. So weit, so gut.

Ich will auch nicht abstreiten, dass es dafür physikalische Erklärungen gibt. Für mich ist dies natürlich sehr lustig, da auch Naturgeister die eigenen physikalischen Gesetzmäßigkeiten kennen und dementsprechend einhalten. Physiker beweisen, dass etwas so und so geschieht, diese und jene Ursache hat und daraus ein Ergebnis entsteht. Leider können sie aber nicht »sehen«, dass Naturgeister diese Wirbel als Spiel betreiben. Sie würden wohl kaum zugeben, dass sich Luftgeister dahinter verbergen. Diese sind sehr spielerisch veranlagt und können jederzeit und immerzu an jedem Ort auftreten. Weswegen wir sie sehen können, ist für mich ein klarer Beweis, dass sie sich immer wieder gerne zeigen. Das ist physikalisch völlig nebensächlich. Denn wir müssten uns ja auch einmal ehrlich fragen: Warum geschieht ein Ereignis – das sehr selten vorkommt – gerade da, neben mir oder um mich, wo ich gerade gehe oder bin? Aber dazu muss ich ihre Anwesenheit ja erst einmal akzeptieren.

Sie können jedoch auch mit den Menschen in Schwingung kommen, wenn diese in der freien Natur Tänze ausführen. Diese Kommunikation und das Zusammenspiel von Menschen und Luftgeistern konnte ich in meinen Waldseminaren schon oft den Anwesenden zeigen. Es ist sehr eindrücklich, wie man plötzlich mit den Naturwesen auf einfache Weise kommunizieren kann. In diesem Kapitel will ich euch zeigen, wie entscheidend euer Verhalten gegenüber den Naturwesen und euch selbst ist. Es gilt ganz zuerst, ohne jegliche Erwartung an eine solche Angelegenheit zu gehen. Das heißt, ich bin der Gast und lasse mich beschenken. Naturgeister sind in der Regel sehr zurückhaltend mit Kontakten. Der Mensch ist in seinem Verhalten meist sehr unstet und will natürlich dasselbe wie im übrigen Leben. Es muss etwas sofort sein!

Aber in der Natur muss ich mich den Gegebenheiten anpassen. In die Ruhe eintauchen und erkennen, dass ich in eine andere Zeitstruktur eintrete. Nun geht es konkret darum, die subtilsten Formen von Bewegungen, Veränderungen um mich oder erkennbare Schwingungen – im äußeren und inneren Bereich – wahrzunehmen. Es können auch andere Dinge vermehrt auftreten: Windbrisen, Lichtfunkeln, Düfte oder hauchzarte Töne, die urplötzlich zu hören sind. Es geht jetzt konkret darum, diesen Dingen in meiner Denk- und Erfahrungswelt einen Platz einzuräumen, nicht an den Dingen zu zweifeln oder sie als Einbildung abzutun. Wir bauen unbewusst Felder auf, durch die wir mit der »Geistwelt« Kontakte knüpfen. Diese Verbindungen führen dazu, dass wir Ereignisse in variabelster Form wahrnehmen können.

Nun hat der moderne, wissende Mensch gelernt, dass es außerhalb dieser sicht- und greifbaren Welt nichts anderes gibt. Und mit einem Mal erleben wir eine ganz andere Art der Wahrnehmung: Fühlen zarte Berührungen, erkennen Bilder in uns, spüren auch materiell Schwingungen, hören uns bislang unbekannte Geräusche oder Klänge. Völlig verunsichert ob der eigenen Erfahrung versuchen wir, natürlich über unser Hirn, mögliche Erklärungen für dieses Geschehen zu finden. Dies ist ein absoluter Fehler, ein Sich-selbst-Veralbern. Und dies ist ja schließlich auch der wahre Grund, weswegen wir keinen wirklichen Zugang zu dieser real existierenden Welt der Naturgeister aufbauen.

Noch so gerne würden sie mit uns Kontakt aufnehmen, wenn wir die nötigen Voraussetzungen in uns selbst schaffen. Das heißt also konkret, sich selbst öffnen lernen, zulassen, was da kommt, seinem Inneren wirklich zu vertrauen beginnen. Dann kann ich etwas annehmen lernen und das als Selbstverständlichkeit mehr und mehr in meinem Bewusstsein ausbauen. Ich lerne in und mit der Natur, den Naturgeistern, mir selbst zu vertrauen, bedingungslos, staunend und in großer Achtung und Demut an all die mir bislang verborgenen Geheimnisse zu glauben.

Mehr und mehr darf ich in einen einzigartigen Bereich eintreten, in dem ich völlig neue, mir unbekannte Ebenen schließlich erkennen darf. Aus Glauben wird Wissen, aus Wissen Weisheit. Und ich lerne zum ersten Mal, was wirkliches Leben auf dieser wunderschönen Welt bedeutet!

SCHÖPFERKRAFT IN UNS WIEDERERKENNEN

ENERGIE RICHTIG LENKEN

Der Schöpfergeist in uns leitet den Menschen nicht zur Untätigkeit an, sondern stellt ihn immer wieder vor neue Herausforderungen. Das Negative ist deshalb ein zwingender Bestandteil zur Erfüllung der Lebensaufgabe. Dies kann nun wirklich in der Erfahrung unserer eigenen Natur sein. Den Menschen drängt es ja ständig, nach einer besseren Lösung zu suchen. Wir besitzen Gefühle, die in unterschiedlichen Stärken schwingen können. Trauer z.B. lässt uns tiefer »schwingen«, große Freude und Glückseligkeit höher. Wir richten diese Gefühle aber sehr stark auf unsere rein materielle Welt aus.

Mit unserem gegebenen Schöpfergeist haben wir ungeahnte Möglichkeiten, sehr konkret in das Geschehen unseres Lebens einzugreifen. Doch durch unsere ständigen Zweifel, nicht nur an einer Sache, sondern auch an unserer erbrachten Leistung, bringen wir diese Energie nicht in dem Sinn zustande, wie wir eigentlich möchten. Schon da beginnt der erste Fehler unseres Handelns. Wir geben keine klaren Befehle, auch nicht an uns selbst, sondern lassen immer eine Möglichkeit offen, dass es, so hoffen wir, eben geschieht.

In den vielen Jahren, in denen ich eine Praxis für ganzheitliches Heilen führte, wurde mir dies mehr und mehr bewusst. Wir Menschen haben nicht nur unsere Gedanken, sondern auch eine ausdrucksvolle Sprache. Zwischen körperlichen und seelischen Feldern besteht ein Informationsaustausch. Die Seele ist auch in einer Pflanze vorhanden, als treibende Kraft der Materie. Diese Tatsache wird von der Wissenschaft (noch) nicht erkannt, da man eine Seele nur dem Menschen und höher entwickelten Tieren zugesteht. Doch sie ist für mich der ewige Speicher von Entwicklungspotenzial. Nur so ist ein Wachstum erst möglich.

Dieses »Wissen« einer Seele entwickelt durch den Informationsfluss einen Bewusstheitsgrad. Dieser unterscheidet sich bei Mensch, Tier und Pflanze in der Ausdrucksart beachtlich. So ist die Seele ein persönlicher,

Mit der Natur und den Naturgeistern können wir lernen, uns selbst zu vertrauen. So können wir die verborgene Schöpferkraft in uns wiederentdecken und die Schönheit der Welt erkennen!

der Spezies zugeteilter, individueller »Körper«, der in innerster Ausrichtung neutral ist. Seelen können deswegen in jeder geistig feinstofflichen Schwingungsdimension entstehen und dementsprechend eben »alles«, was lebendig ist, »beseelen«. Jeder Aufbau von Leben kann demzufolge eine unabhängige Entwicklung und freie Entscheidung erreichen, seine ihm dienende Lebensform ausbilden.

Ich denke, dass es wirklich wichtig ist, den uns eigenen Schwingungsfeldern, die wir durch Gedanken und Worte unablässig erzeugen, viel mehr, ja ganz zentral bewusst zu werden. Denn darin liegt ein unbeachtetes Potenzial an eigener Schöpferkraft. Dies erwähne ich hier, weil wir ja mit einer anderen Dimension in Kontakt treten wollen. Das kann ich jedoch erst, wenn ich meinem eigenen, inneren Wesen bewusst werde, mich selbst in meiner Art erkennen kann. Denn gerade alte Denkmuster, eingeprägte Sätze, Worte oder Gesten können ein von mir gewolltes Energiefeld gezielt verhindern. Denn aufgebaute Energie muss von mir beherrscht und demzufolge richtig gelenkt werden. Wie im Großen, so im Kleinen – wie oben, so unten.

So wird es unumgänglich, sich auch mit diesem Thema auseinanderzusetzen. Naturgeister beachten unsere Tatkraft nur, wenn sie ihnen als bewusste Botschaft zugesendet wird. Wir müssen beachten lernen, dass alle Quanten aus für uns (noch) unsichtbaren Schwingungen bestehen. Dies geschieht in Frequenz, Energie und Vibration. Daraus entsteht schemenhafte Tatkraft, die darauf wartet, eine physische Form anzunehmen. Wir sind nämlich wirklich Lichtwesen und dürfen daher mit den Naturgeistern kommunizieren. Da steht uns nichts im Wege, außer wir selbst. Und so kann und darf ich – auch wenn es hier vermessen klingt – Gewitter lenken, die Zeit eines Regenschauers bestimmen, Hagel zerstreuen oder ableiten, Sturmwinde besänftigen. Und jedem Leser, der an dieser Stelle schmunzelt oder lacht: Ich habe dies schon x-mal mit Erfolg ausgeführt. Eben Schöpferkraft erkennen!

ÜBUNG

» LEITSÄTZE IN UNSER BEWUSSTSEIN BRINGEN

Wir selbst tragen eine starke Schöpferkraft in uns: Unser Unterbewusstsein ist dabei die Quelle der Kraft. Wir verfügen über ein feinstoffliches Feld, das in der Hirnforschung wiederum in der reinen Materie »gesucht« wird. Doch dieses »Archiv« unserer Gesamtheit dient auch dazu, die feinstofflichen Ebenen der auf der Erde vorhandenen Schwingungen der Schöpfungskraft der Naturwesen wahrzunehmen. Ob wir uns dessen bewusst sind oder nicht, wir leben in dieser Fülle von gegebenen, leider uns meist völlig verborgenen Informationen. Doch wenn wir selbst erfahren – gerade durch die Hilfe unserer Naturgeister –, dass wir unser Unterbewusstsein positiv beeinflussen können und wir die Möglichkeit wählen, dies zu nutzen, werden wir all das erfahren, was wir wollen.

Das menschliche Bewusstsein wird wohl auch in Zukunft ein großes ungelöstes Rätsel unserer Existenz bleiben. Ich denke, dass gerade der Naturwissenschaft der Zugang zu dieser Sphäre des Persönlichen verwehrt ist. Wir »gehen« da wiederum den falschen Weg der Materie. Denn es gilt nun, in uns selbst dieses feinstoffliche ICH zu entdecken. Richtet der Mensch die Aufmerksamkeit auf die Welt, in die er hineingeboren wurde und aus der er wieder einmal geht, so erzeugt er zunächst die Fülle seiner Sinneseindrücke in und um sich. Dies ist bekannterweise vorab Materie. In seinen Gedanken offenbart sich ihm seine eigene »Welt«. Beginnt er jedoch ernsthaft nachzusinnen, verliert der Mensch die materielle Welt zusehends aus dem Bewusstsein, und das Ich tritt in dieses ein.

Wenn ich diesen Vorgang bewusst in Zusammenarbeit mit den Weisheiten der Naturwesen vollziehe, beende ich den Akt, mir die Welt vorzustellen, und beginne, diese selbst zu erleben. Lehnen wir einen Umstand in unserem Leben ab, so lehnen wir damit einen Teil von uns selbst ab. Doch diese Konstellation ist ja nur scheinbar von uns getrennt. Wir geben uns selbst nicht die nötige Macht, das zu erfahren, was wir beispielsweise im Innersten als richtig erachten, in unserem Unterbewusstsein als eigene Entwicklung aber bereits vorbereitet haben. Ist der

Naturwesen zeigen uns einen Ausweg aus der materialistisch geprägten Lebensweise. Wir müssen sie nur in unser Leben lassen.

Umstand, den wir im Außen ablehnen, nicht gleichzeitig in uns selbst, so könnten wir ihn überhaupt nicht wahrnehmen. Es gilt das Gesetz: »Wie innen – so außen.«

EINTRETEN IN DAS INNERE ERLEBEN

Dies führt zum Erleben des eigenen Weges, indem man nicht das Selbst verliert. Schafft ein geistiges Erleben – genauso ein materielles –, das nicht im Denken die Welt verliert. Es geht wirklich darum, durch das Eintreten in ein inneres Erleben nicht denkend die Sinneswelt zu verlieren, sondern die Geistwelt zu gewinnen. Statt in das Ich der äußeren Sinne zu versinken, dringt man mittels der wunderbaren »Welt« der Naturgeister in die feinstoffliche Geistwelt ein, in der man das Ich gefestigt fühlt und schließlich in der Ganzheit erfährt. Der Mensch kann nun aus der Tiefe dieser unbeschreiblich vielseitigen »Welt« hinausblicken und erkennen, dass da nicht nur Schwingung, Farbe, Klang und unendliche Weite sind, sondern er erfährt damit deutliche Erlebnisse, die tief in seine Seele einwirken. Urplötzlich kann er auch in sich »hineinblicken« und als ausdrückliches Fazit erkennen: »Da ist nicht nur mein ICH, da offenbart sich mir eine allgewaltige geistige Schöpfung!«

Dass sich eine Seele des Menschen völlig anders entwickelt als die einer Pflanze, dürfte uns klar sein. Denn bei beiden Spezies ist ja auch das Bewusstsein in ganz anderer Form vorhanden. Naturgeister und speziell Pflanzengeister, die mit Menschen und Tieren in enger Verbindung stehen, haben sich eine ganz andere Kenntnisebene zugelegt als Naturgeister, die weitab von Menschen wirken. Sie können sich immer und überall den Gegebenheiten sehr geschickt und äußerst effizient anpassen. Ihre Strategie ändern, Urweisheit anwenden. Das macht sie zu absolut anpassungsfähigen Individuen. Und einmal mehr aus dieser Sicht betrachtet dem Menschen absolut überlegen.

Der Mensch kann eine Richtung einnehmen, die ihm eine Kommunikation mit den Naturgeistern oder vor allem den Pflanzengeistern ermöglicht. Dies geschieht, indem er seine gedankliche Ausrichtung klar und unmissverständlich formuliert. Sein Wille unterstreicht diese Ausrichtung auf ein Ergebnis, dass er erreichen will. Natürlich basiert dies immer im Einklang mit den Naturgeistern. Das heißt, Achtung wahren, z.B. keine Pflanze als »schlecht« ansehen oder sogar beschimpfen (Unkraut), innere Liebe zeigen und Demut erkennen lassen. Sobald ich mein Schwingungsfeld mit dem des Pflanzengeistes verbinden kann, entsteht eine telepathische Kommunikationsebene. Es ist dann beinahe unglaublich, dass ich eine Pflanze »sprachlich« hören und verstehen kann oder zumindest eine Botschaft in Form einer Schwingung von ihr erhalte.

DANKBARKEIT LEBEN

Ich denke immer – habe dies auch erfahren –, dass wir mit einer großen Dankbarkeit sehr viel gute Energie erzeugen können. Diese wird von den Naturgeistern gerne angenommen. Mit offenem Herzen der ganzen Schöpfung begegnen. Unsere Nahrung aus der Natur ist ja immer ein ganz besonderes Geschenk an uns Menschen. Deswegen finde ich auch hier ein kurzes Ritual in Form von Dank angebracht. Wenn ein Teller mit Speisen aus der Natur vor mir auf dem Tisch steht, beginne ich nie, einfach hungrig zu essen. Ich widme diesen Speisen einen kurzen Moment, halte meine Hände in Dankbarkeit über die Speisen und segne sie mit meiner vorhandenen Energie. So verbinde ich die beiden Schwingungsebenen miteinander, und mein Körper nimmt diese Nahrung viel bewusster auf.

Man kann durch solche gedanklich kraftvollen Akte die eigene Tatkraft in fließende Energie wandeln, die dem Körper wohltuende Informationen zuleitet. Genauso verhalte ich mich auch draußen in der Natur. Langsam gehend, wahrnehmend, was da ist, um mich geschieht. So kann ich die Naturgeister gewahren, und sie zeigen sich mir in Formen, Farben, Klängen, sanften Berührungen oder unverkennbar sinnlichen Düften.

Letzteres kommt sehr häufig vor, obwohl ich in diesem Moment nicht erkennen kann, wo die Quelle des Duftes herkommt. Blumen oder ähnliche Pflanzen mit Duftstoffen arrangieren gerne etwas und ziehen damit Aufmerksamkeit auf sich. Der Mensch muss wieder lernen, sich bedachter in der Natur zu bewegen. Seine Sinne wieder auszubauen, auf all die Feinheiten zu achten, die stets und überall zu erfahren sind. Hast und Eile haben in der Welt der Naturgeister nichts zu suchen. Denn ihnen läuft – im Gegensatz zum Menschen – die Zeit nie davon!

LEBEN UND WIRKEN DER NATURGEISTER

DAS GEISTWESEN DER ERDE

Naturgeister gab es und hat es immer gegeben, seit diese Erde als lebendiger Körper entstand. Ihre Wesenheit als Ganzes ist genauso unzerstörbar wie unser eigenes Wesen in seiner Vollständigkeit. Dass sie heute vielfach nur noch in der »Welt« der Märchen existieren, zeigt die unglaubliche Arroganz des modernen Menschen. Es gab in früheren Zeiten Epochen, in denen sie mit den Menschen intensiv zusammengelebt und gearbeitet haben. Tiere haben diesen Zugang zur Kommunikation mit Naturwesen immer noch. Sie leben und wirken noch heute wie zu früheren Zeiten. Aber die Menschen dieser Erde haben sich stark verändert.

Die Naturwesen haben ihre Energiefelder behalten, die Menschen haben sich jedoch dem Schwingungsfeld ihrer eigenen »Welt« angepasst, und damit ihre Schwingungen so weit verändert, dass nur noch wenige wirklich in der Lage sind, die feinstofflicheren Wesen wahrhaft unvermittelt wahrnehmen zu können. Ja, noch mit ihnen in direkter Kommunikation zu stehen. Die Naturgeister schwingen auf dieser Erde höher als die Menschen. Ich nenne den Raum, in dem sie leben, zweidimensional. Denn einerseits beleben sie – genau wie wir – den sichtbaren, materiellen Raum dieser Erde, andererseits leben sie aber auch in einer Zwischenwelt der feinstofflichen Ebene.

Dieser für uns Menschen – während unseres irdischen Lebens – schwer zugängliche Teil ist genauso eine existierende »Welt« wie die materielle Ebene. Natürlich in völlig anderer Energieform. Wir erreichen sie nach unserem körperlichen Tod. Naturgeister sind deshalb nicht direkt an das im Laufe der Zeit veränderte grobmaterielle Schwingungsfeld dieser Erde angekoppelt, sondern eher an etwas, was man das Geistwesen der Erde nennen könnte.

Die Geistwesen der Natur können wir jederzeit rufen. Sie helfen uns gerne, wenn wir ihnen mit Respekt und Achtung begegnen.

Die Menschen haben sich also von den Naturwesen entfernt, indem sie gar nicht mehr an deren Existenz glauben. Wenn man sie heute wieder wahrnehmen will, muss man sich ihrer erst einmal bewusst sein und zu-

dem erkennen, dass sie in einem eigenen, in sich geschlossenen System leben. Unverkennbar greift dieses System täglich in unsere irdische Materie hinein, ob wir dies beachten oder nicht.

Naturgeister sind auch in allem, was irdisch ist und lebt. Sie arbeiten immer in einer Ganzheit zusammen, bilden in dem Sinn eine geschlossene Gemeinschaft. In dieser Form können sie alles beherrschen, lenken und gestalten, was auf diesem Planeten im Bereich unserer Natur vorhanden ist oder in irgendeiner Form als Leben existiert.

Diese klare, eigentlich einfache Strategie ermöglicht ihnen, diese Erde überall und ihren Bedürfnissen und Gegebenheiten entsprechend zu bewohnen. Pflanzen-, Wind- und Wassergeister sind nie an einen Standort gebunden. Sie können jederzeit die Erde durch- oder umwandern. Dieses intelligente System ermöglicht ihnen auch, an jedem Ort zu jeder Zeit ein Ergebnis oder Ereignis zu erschaffen, das sie an irgendeinem Platz für wichtig und sinnvoll erachten. Dies hat oft Folgen für den Menschen, die er selten als einfach gegeben annehmen kann.

DER TANZ DER LUFTGEISTER

Was z.B. für uns Menschen als sinnloser zerstörender Sturm aufgenommen wird, hat für die Naturgeister eine ganz andere Bestimmung. Stürme sind immer eine Art Erneuerung von Energiefeldern, und so wie unser physischer Körper neue Energiefelder als Heilung und Erneuerung braucht, wirken alle Handlungen immer in einem ganz natürlichen Konzept von wichtigen Aktionen. Dass dabei auf Ordnungen, Regelungen oder Vorstellungen von uns Menschen nicht Rücksicht genommen wird, ist in dieser ganzheitlichen Sicht einfach nur logisch.

Die Naturwesen haben uns nicht befohlen, z.B. in den Reichen von Wassergeistern unseren Wohnraum zu bauen. Und dann wundert sich der Mensch, wenn er plötzlich von diesen Geistern sehr unsanft behandelt wird. Was haben Häuser in Flussläufen, an Meeresstränden oder Inseln zu suchen, die immer wieder von den Wassergeistern durch Überschwemmungen neu belebt werden? Was haben Häuser in Gebieten der Erdgeister zu suchen?

Vulkane, Erderschütterungen oder Murgänge lassen sich nicht vorschreiben, was zu tun oder zu lassen ist. Hier können wir wieder einmal

klar erkennen, dass wir nicht mit den Naturwesen zusammenarbeiten, sondern immer wieder gegen ihre klaren Gesetze verstoßen. Und wir nennen dann solch ein Ereignis Unglück! Dabei treiben wir es immer bunter. Elektrische Ströme z. B. kannten unsere Naturgeister schon immer. Und der Mensch hat sich dem Medium Elektrizität verschrieben. Für alles und überall braucht er heute in der zivilisierten, von ihm entwickelten modernen Welt viel, ja sehr viel Strom. So baut er, im Glauben, etwas Sinnvolles zu tun, Kraftwerke aller Art, Atomanlagen, die er nie in den Griff bekommt, Solaranlagen mit noch völlig unbekannten Strahlungseffekten.

Die Schwingungen der Naturgeister wirken überall. In Wäldern, auf Gletschern, in der Wüste oder im Gebirge.

Die Energie eines Blitzes ist so stark, dass wir sie nur staunend wahrnehmen können. Tanzende Luftgeister erzeugen gerne starke Wirbel. Aus lauter Freude tanzen sie über die Erde. Deswegen ist der Bau von letztlich Tausenden von Windturbinen ein Meisterstück der Fehlplanung. Denn diese Anlagen werden von den Naturgeistern nicht als sinnvoll für den Menschen betrachtet. Windturbinen erzeugen – das kann man auch physikalisch erkennen, wenn man will – mächtige Luftwirbel. Luftgeister freuen sich darüber, denn sie werden nun zum speziellen Tanz eingeladen. Und sie nehmen diesen Tanz gerne an.

Und wir Menschen? Selbst erzeugte Wirbelstürme werden auch unser Festland immer mehr und mehr durchziehen. Hilflos und staunend dürfen wir dann feststellen, wie unsere selbst geschaffenen Infrastrukturen indirekt und direkt von unserem unbedachten Tun selbst wiederkehrend und vermehrt beschädigt oder sogar zerstört werden.

Und unsere Luftgeister tanzen wirbelnd und freudvoll weiter! Die einstigen, mit der Natur lebenden und erdverbundenen Völker hatten die Gesetze der Naturgeister erkannt und befolgt. Der heute lebende Mensch als uneingeschränkt intelligentes Wesen, als das er sich bezeichnet, baut nur noch auf sein Wissen, nicht mehr auf die Weisheit und fantastische Intelligenz unserer Naturgeister. Dafür hat er nur ein müdes Lächeln übrig.

DEVAS: DIE GEISTWESEN DER PFLANZEN

Am eindrücklichsten durfte ich diese uneingeschränkte Intelligenz im Reich der Pflanzenwelt erfahren. So bilden die Pflanzengeister ein unglaublich mächtiges Volk in dieser Zwischenwelt. Sie stehen in ihren Handlungen uns Menschen sehr nah, das heißt, sie arbeiten nicht nur zum Wohl für ihr eigenes Reich, sondern immerzu auch für uns Menschen. In ihrer – von uns nicht begreifbaren – Welt erkennen sie mithilfe von Schwingungsfeldern die Menschen in ihrer Ganzheit. Das heißt, sie lesen in der Matrix des Körpers, wie ein Mensch physisch und psychisch schwingt. Diese Energiefelder – in der Aura sichtbar – können einen Zustand von »gesund« oder »krank« zeigen oder eine momentane Stimmung erkennen lassen.

Pflanzengeister sind elegant umschrieben Energiewesen der Erde und Materie. Sie haben wie die Engel der Menschen ein sehr starkes Energiefeld und kommen in verschiedenster Form vor. Es gibt in ihren Bereichen, wie überall, klare Hierarchien – nie in Form von einem Unten oder Oben, Unterdrückung oder Beherrschung –, sondern einfach den jeweiligen Aufgaben angepasst.

Sie sind reine Geistwesen, werden also in ihrer Art nie einen physischen Körper tragen. Aber sie erzeugen durch ihr Schaffen einen materiellen Körper in Form von Pflanzen aller Gattungen und »beleben« diese. Dass man sie als Geistwesen »sehen« kann, ist dem Umstand zu verdanken, dass sie einen astralen Körper haben, eben Leben in Lichtform ausstrahlen. Dabei sind auch »mächtigere« Wesenheiten, die bereits in anderer Art einen geringen mentalen Körper besitzen.

Diese Wesenheiten sind auch besser wahrnehmbar, da ihr Energiefeld stärker strahlt. Sie leben also in ihren Aufgaben in dieser für sie gegebenen Welt. Sie werden nie diese Stufe der Dichtheit von Materie haben wie wir Menschen. Brauchen somit für ihre Entwicklung keine menschlichen Spektren, wie z. B. Schmerz, Kummer, Leid und dergleichen mehr. So existieren ihr Handeln und Empfinden auch in einer uns völlig unbekannten Ebene von Schwingung und Lebensform.

Devas – wie diese Wesen von uns »Sehenden« seit alters her genannt werden – sind dem Geistkörper des Menschen nicht ähnlich. Es ist falsch, sich ihre Gestalt auch nur im Entferntesten vorzustellen. Devas ist eine große Würde und majestätische Hoheit eigen. Sie besitzen eine weite, aufs Allgemeine ausgerichtete Natur und sind stets mit vielen bunten Farben umgeben. Durch diese Farbensprache verständigen sie sich gegenseitig. Sie haben etwas Fließendes an sich, können sich deswegen sehr stark ausdehnen oder aber zusammenziehen. Einhergehend ist auch ein feuriger Zustand vorhanden, der in dieser Form dem Menschen in seinem Geistkörper nicht eigen ist und ihn deswegen klar von den Naturgeistern unterscheidet.

Devas beleben die Pflanzen und sind auch der Grund, warum Blumen, obwohl man sie von ihren Wurzeln trennt, auch in einer Blumenvase auf dem Wohnzimmertisch weiterblühen. Es gibt hierbei also keinen körperlichen Tod wie bei Mensch und Tier. Devas ziehen sich allmählich, einfach ihrem Gutdünken entsprechend, zurück in ihre Welt einer umfassenden, immerwährenden Ganzheit, einer wundervollen Welt, und unsere Blumen verwelken.

DIE INTELLIGENZ DER NATURGEISTER

KRÄFTE DES WANDELS

Pflanzengeister arbeiten für uns Menschen. Wie sonst wäre es möglich, unsere Ernten von Nahrungsmitteln überall auf dieser wunderschönen Welt zu erhalten. Würde das Volk von Pflanzengeistern nicht diese intensive Arbeit täglich leisten, Menschen und Tiere hätten nirgends Nahrung für ihre Körper. Diese Tatsache wird vom Menschen völlig ignoriert. Nahrung aus der Natur ist einfach da, also nutzen wir sie für uns. Und die absolute Anmaßung von Menschen ist die Aussage, dass wir Obst, Getreide, Früchte, Beeren und dergleichen produzieren.

Wer produziert hier wirklich? Welcher unermesslichen Schöpferkraft ist es zu verdanken, dass wir für unseren Körper täglich Nahrung haben? Sicher nicht dem Menschen, wie ich das im Kapitel »Der Mensch als Gast auf dieser Erde« ausführlich beschreibe! Diese umfassende Intelligenz von Naturgeistern ist in allem erkennbar. Dazu müssen wir Menschen unsere Sinne jedoch wieder auf eine ganz neue Ebene von Wahrnehmung lenken.

Die absolut selbstlose Liebe von Naturgeistern ist in der geschlossenen Ebene ihrer hier beherrschten Welt allseits spürbar. Devas z. B. können zu einer gewaltigen Ausdehnung anwachsen, da sie nicht den Emotionen und Gefühlswogen von Menschen gleich sind. Die dabei entstehenden Strömungen der Devas sind alsdann dermaßen bedeutend, dass wir nur in tiefer Ehrfurcht vor ihrem Sein stehen können.

Wer diese Kräfte – eben Gewalten der Erde – nicht kennt, kommt sich schutz- und hilflos vor. Dabei ist ein starkes Gewitter mit Hagelschlag nie Ausdruck von Zerstörung, sondern immer ein uns völlig unbekanntes Erneuern eines Energiefeldes von Erd- und Naturgeistern. Dabei wird – im Gegensatz zum menschlichen Denken – nie etwas zerstört oder vernichtet, sondern immer gewandelt und erneuert. Und da wir eben keinen Einblick in diese feinstoffliche Welt besitzen, können wir diese und andere Vorgänge mit unserem Verstand nicht erfassen.

WUNDER DER WELT

Zarte Brisen, reinigende Gewitter oder tosende Orkane: Auf den Menschen wirken die verspielten Luftgeister mal erfreulich, mal bedrohlich.

Beispiel Luftgeister: Sie begleiten gerne Regenwolken und lenken sie nach ihrer freien Entscheidung über das Land. In all den Geistern, welcher Art sie auch in dieser wunderbaren Natur angehören, entdecken wir eine unbeschreibliche Intelligenz. In Tausenden von Wundern, die jeden Moment auf dieser Erde sichtbar sind, vollbringen sie Ergebnisse, die uns einfach nur staunen lassen. Kein menschliches Wesen ist nur annähernd imstande, so viel innere Bewegung zu erzeugen, um ein solches Wachstum auf allen Ebenen entstehen zu lassen.

Die feurigen Stoffe in der Aura der Devas sind erkennbar, und es entsteht ein Eindruck von stark farbigen Feldern, wie kleine leuchtende Wolken in feinster Form. Sie sind in den Feldern der Vulkane besonders aktiv. Im Gegensatz zum Menschen liegt die feinstoffliche Materie der Aura bei Devas größtenteils außerhalb des gebildeten Körpers, während diese beim Menschen beinahe hundert Prozent innerhalb steht.

Deswegen kann man sich zeigenden Naturgeistern in kleinster Form bis riesiger Größe begegnen. Man steht dann urplötzlich in diesem Schwingungsfeld drin. Und ich erlebte Momente, in denen mir wirklich sehr unwohl wurde. Denn einem solchen Wesen gegenüberzustehen, das sich über mehrere Meter ausdehnt, ist nicht gerade einfach aufzunehmen. Dabei können jegliche Formen vorkommen, denn unsere Vorgaben von Wesenheiten stimmen mit dieser »feinst«stofflichen Welt in nichts überein.

Naturwesen wandern und wirken überall auf der Welt. Sie können durch den Menschen in ein anderes Land importiert werden.

Wir können uns also nicht einfach menschenähnliche Wesen vorstellen – auch nicht den Tieren gleich. Diesen Wesen haftet eine seltsame, eigene Art an. Man darf sie sich auch nicht als entstellt, gruselig oder verzerrt vorstellen, denn eine große Würde und Festigkeit, ja etwas Majestätisches ist jedem dieser Wesen eigen. Die gegenseitige Verständigung ist unserer weit überlegen, denn sie basiert auf mehreren gelebten Ebenen gleichzeitig.

Dies sind Schwingungsfelder, elektromagnetische Impulse subtilster Form, Farben und Ausdrucksform in Gestalt, ja sogar Klänge. Und ich durfte feststellen, dass der Klang in der Natur einen zentralen, ja vielleicht den wichtigsten Teil von Kommunikation darstellt. Sie bedienen sich dazu weltweit der Goldadern der Erde, Erdschwingungsfeldern, die unter anderem z. B. von Kristallen übertragen werden.

Die Entwicklung der Naturgeister ist eine ganz besondere Art von immerwährender Ganzheit. Denn ihr bewohntes Reich bleibt in der innersten Struktur stets bestehen. Ihre Erfahrung und ihr Wissen münden dabei in unermessliche Weisheit. Da sie ja als erdgebundene Wesenheiten immer hier sind und wirken, kennt ihre Bibliothek all die Jahrtausende, die diese Erde durchlebt hat oder noch durchleben wird.

Das führt dazu, dass sie diese Erde mit ihrer stetigen Arbeit auch weiterhin beleben werden und es auf dieser Erde immer weiter blüht, wächst und gedeiht. Wie auch immer die Erde sich global verändert: Naturgeister werden da sein, wo ihr für sie richtiger Platz ist. Und so sind sie seit Hunderttausenden von Jahren schon x-mal um diese Erde gewandert. Ja, ihnen ist zu verdanken, dass dieser Planet wirklich belebt ist und bleibt.

Oft muss ich einfach schmunzeln. Vonseiten der Behörden werden Maßnahmen verordnet, um unerwünschte Pflanzen zu entfernen. Pflanzen, die sich erlaubt haben, in unseren Bereichen zu wachsen. Gleichzeitig werden Abertausende von Schnittblumen aus aller Welt importiert. Dass mit diesen Blumen auch die Pflanzengeister in unser Land kommen, interessiert jedoch niemanden. Und ich denke, dass sich darüber auch kaum jemand Gedanken macht. Sie sind also da, leben eine Zeit an diesem Ort, an den sie gebracht wurden. Doch danach kehren sie zurück in die Ganzheit der Schöpfung. Das heißt, auch »importierte« Pflanzengeister werden an ihrem neuen Ort genauso leben und wirken wie überall auf der Erde. Ihnen gehört diese Welt, und sie dienen und beleben sie. Und der Mensch bleibt wieder einmal mehr »außen vor«!

Der Mensch hat diesbezüglich noch immer sehr wenig begriffen. Dieser Planet gehört diesen Naturgeistern, diesen Intelligenzen. Und diese unendliche Intelligenz ist nur ihnen auf diesem Planeten eigen. Und wir glauben, dass sie als Neophyten jetzt in unsere Gärten, Wälder und Felder kommen. Nein, sie kommen aus der klaren Einsicht ihrer endlosen Intelligenz und einer unendlichen Liebe, um dem heute hier lebenden Menschen neue, für ihn wichtige Essenzen und Energien zu bringen. Darüber müssten wir einmal gründlich nachdenken. Also uns nur noch freuen, im Tiefsten dankbar sein. Nicht die Pharmaindustrie wird den Menschen schlussendlich von den vielen körperlichen Leiden »retten«. Nein, es werden unsere unermüdlichen Helfer der Natur selbst sein. Und was macht der Mensch? Er erklärt diesen Pflanzen den Krieg!

TIER- UND NATURWESEN

EIN LEBEN IM EINKLANG

Die Entwicklung auf dieser Erde ist nicht nur dem Menschen vorbehalten. Über Jahrtausende und Jahrmillionen entstand eine wunderbare Schöpfung in vielfältigster Form. Evolutionäre Entwicklungen haben keinen Plan, so glaubt der Mensch, denn wieder einmal mehr urteilt er rein aus seiner Sicht.

Doch Tiere und Pflanzen haben ein klares Ziel – und dieses Ziel heißt: Leben und sein, für das einzelne Tier sowie für die ganze Spezies. Die Besiedelung karger Lebensräume ist ein langer Prozess, abhängig von der Entwicklung der Flora und ebenso bestimmt von Tierpopulationen, die hinterher folgen. Er ist nie abgeschlossen und durch ständige Neuansiedelung sowie eine fortwährende Um- und Durchwanderung dieses Planeten gekennzeichnet.

Zuerst kommt immer die Natur in ihrer ganzheitlichen Form und umfassenden Schöpferkraft. Sie ist schlichtweg die Grundbasis, dass sich tierisches Leben erst entwickeln und ansiedeln kann. Genauso könnte der Mensch in seiner jetzigen Gestalt und körperlichen Wesenheit ohne diese Grundlage nicht hier leben. Dass Luft, Wasser, Erde und Feuer einfach da sind, nimmt er als gegeben. Dabei zeugt alleine schon diese Zusammensetzung der Elemente von einer unendlichen Schöpferkraft.

Tiere kommunizieren mit den Naturgeistern auf einer völlig anderen Ebene, als dies der Mensch kann – sofern er es will. Lebewesen in kleinster Form, alle Arten von Gattungen wie auch Mikroorganismen sind den Naturwesen am nächsten. Sie leben unablässig von der materiellen Seite der durch Naturgeister erschaffenen Materie. So sind sie direkt eingebunden in den Kreislauf des Ewigen, Unvergänglichen und sorgen dafür, dass z. B. die irdisch gegenständlichen Pflanzenteile in neue Erde gewandelt werden.

Diese »neue« Erde dient schließlich einer erneuerten keimenden Pflanze, gleich welcher Art und Bestimmung. Die absolute Intelligenz der Pflanzengeister in Zusammenarbeit mit den Naturgeistern im Vollkommenen ermöglicht ihnen, überall und jederzeit irgendwo auf dieser Erde zu gründen, sofern die örtlichen Gegebenheiten ihrem Anspruch gerecht werden.

All die größeren Tiere leben mit und in dieser Welt im Einklang mit Naturgeistern. Nebst ihrem Instinkt, um ihre Existenz zu sichern, kommunizieren sie auch unablässig mit der ihnen bestens vertrauten Geisterwelt unserer Erde. Pflanzenfresser – auch Haustiere – erkennen so Nahrung, die ihrem Körper zuträglich ist. Natürlich nur noch da, wo das Tier auch frei ist und selbst entscheiden kann.

Ganz unverhofft begegnen uns Naturgeister auf unserem Weg auf dieser Erde. Auch der Blick auf den Boden lohnt sich! Hätten Sie sonst diese Katze im Moos erkannt?

Pflanzengeister halten Tiere durch Signale in Farbe, Form oder sogar elektromagnetischen Feldern von sich fern, und die Tiere lernen in jeder neuen Generation dieselben Hinweise kennen und achten. Es ist eine totale Einheit und unserem menschlichen Verständnis noch fremd. Der Urmensch hatte diesen Zugang einst genauso. Er musste nicht zuerst seinen Körper vergiften oder an einer Pflanze sterben, bevor die nachfolgenden Erdenbewohner wussten, was bekömmlich oder unbekömmlich ist. Ja, er konnte sogar durch seine Kommunikation erfahren, welche Pflanzen ihm zu seiner Heilung bei bestimmten Leiden dienten. Bei einigen wenigen Völkern auf dieser Erde ist dies heute noch so.

Diese Kommunikation zwischen Tier und Pflanze kennen wir teilweise durch die Forschung. Wenn ein Specht z.B. an einem Baum Käfer aufpickt und deswegen ein Loch in die Rinde schlägt oder sogar eine Bruthöhle baut, geschieht dies immer einvernehmlich mit dem Baumgeist. Es ist keinesfalls so, dass der Baum jetzt wirklich Schaden leidet – das ist die Sicht des Menschen –, sondern er lebt genau so weiter wie bisher.

Die Wahrnehmungen und Empfindungen einer Pflanze unterscheiden sich in allen Ebenen von denen des Menschen. Denn im Gegensatz zum Menschen schlägt der Specht nicht einfach irgendwo in irgendeinen Baum sein Loch. Das hat immer einen Hintergrund: Wissen und Kommunikation. Dem menschlichen Denken geht das natürlich zu weit, denn bei ihm gibt es nur den Lebenskampf.

HARMONISCHER AUSGLEICH IN DER NATUR

Man muss erkennen, dass die Insekten – hier meist Käfer – ebenso eine Gefahr für Bäume sind – wenn man dies so nennen will – und jetzt durch den Specht ihrerseits an einer Ausbreitung gehindert werden. Im Ökosystem Natur passiert genauso wenig nach Zufallsprinzip wie in unserer Welt. Wir kennen so auch Käfer, die sich einerseits von Pflanzen und Pflanzensäften ernähren, andererseits auch »Fleisch« in Form von Käferlarven für ihren Nachwuchs brauchen.

So wird ein funktionierendes System geschaffen, das in sich geschlossen immer in einem harmonischen Ausgleich steht. Das heißt: Gibt es von etwas mehr oder viel, wird eine andere Spezies davon profitieren und sich für eine Zeit vermehren. Da in einem funktionierenden Naturgefüge immer ein Ausgleich geschaffen wird, kann es nie zu einem »Zuviel« oder »Zuwenig« kommen, das zu einem totalen Zusammenbruch oder Chaos in der Natur führen würde.

Von Menschen ernannte Schädlinge wie z.B. der Fichten-Borkenkäfer konnten für den Wald nur so verheerend wirken, weil der Mensch zuvor Monokulturen geschaffen hatte. Wen wundert es, wenn dann ein Ökosystem nicht mehr selbst einen Ausgleich schaffen kann. Dasselbe passiert auf der anderen Seite ebenso, wo große Tiere wie der Hirsch keine natürlichen Jäger mehr haben. Und der Mensch, das haben all die Jahre klar aufgezeigt, kann diesen Ausgleich nicht schaffen, da er ja einerseits eine ganz andere Sicht hat als beispielsweise ein Wolf. Andererseits seine Jagd nur auf gewisse Zeiten beschränkt, sodass ein völlig verändertes Verhalten von Wildtieren entsteht. Hier fehlt offensichtlich das wichtige Bindeglied eines natürlichen Kreislaufs.

Weltweit wurde so in die Natur eingegriffen. Unsere Naturgeister zeigen uns diese vom Menschen erzeugten »Fehler«. Die Frage ist, ob wir dies auch sehen wollen. Der »Fußabdruck« des Menschen auf dieser Erde ist mittlerweile so prägend, dass allmählich seine Existenz und die vieler Tiere stark gefährdet ist. Naturgeister nehmen dies zur Kenntnis, denn ihr System wird schlussendlich durch nichts nachhaltig gefährdet. Wir jedoch können vieles negativ verändern, aber letztendlich »ernten« wir all das selbst. Von einem intelligenten Wesen selbst geschaffene Ergebnisse: Und diese sind, aus der aktuellen Sicht der Naturgeister, beklemmend.

Interessant ist ja auch, dass Tiere und Insekten eine eigentliche Kommunikationsebene betreiben. So haben auch Tiere durch ihre Erscheinungsart, ihren Körperbau oder die äußere Gestaltung mittels Farben, Mustern, Formen Möglichkeiten geschaffen für eine spezifische Identifikation, eine Kühlung oder Kälteschutz und Tarnung. Sie nutzen – hier ist wieder die »Brücke« zu unseren Naturgeistern – verschiedene Tages- oder Nachtzeiten, um den Hunger zu stillen. Sie lassen sich also in erster Linie durch diese subtilen Schwingungen leiten, die Naturgeister ihnen jederzeit liefern. Dadurch besitzen sie eine ausgeprägte Orientierungssicherheit, wenn sie auf der Suche nach Nahrung, Wasser oder einen für sie besonders geeigneten Platz sind.

UNSICHTBARE ENERGIEN ALS WEGWEISER

Natur- und Pflanzengeister legen auf unserer Erde eine sich immer erneuernde Matrix. Das sind echte »Wegweiser«, die von Hunderten von Tieren aufgenommen werden, wenn sie längere Strecken zurücklegen. Dies zu verstehen und zu erfahren, ließ auch mich eine völlig neue »Welt« erkennen. Ich begriff außerdem, dass viele Dinge auf dieser Erde sehr einfach strukturiert sind.

Und doch lässt mich all das immer wieder staunen. In all den Jahren draußen im Wald erlebte ich des Öfteren, dass ich, gerade in der Dunkelheit, eine ganz bestimmende Führung erhielt. Öffnete ich mein Ganzes und ließ es zu, wusste ich einfach, in welche Richtung ich schreiten musste, und »sah« plötzlich den Weg klar und deutlich vor mir. Das war wirklich so, als würde mein Körper von einer unsichtbaren Energie gelenkt. Im Laufe meines Lebens konnte ich diese Verbindung als »Führung« bewusst erhalten. Bei den Tieren geschieht dies genauso, denn sie sind ja nicht an ein denkendes Hirn gebunden wie wir Menschen. Kommunikation mit den allgegenwärtigen Freunden aus der geistigen Welt wird zum »Wegweiser«. Ebenso können sie auch von Gefahren gewarnt werden, die zum Teil noch weit entfernt sind.

Ein eindrückliches Beispiel ist die Jagd des Menschen auf Wildtiere. Oder bei Sturmfluten, Felsstürzen und dergleichen verlassen Tiere eine Gefahrenzone längst vor dem Ereignis. Warum sie sich wohl aus einer »Gefahrenzone« entfernen und andere Wege einschlagen oder sichere Orte aufsuchen? Sie »wissen« es eben!

NATUR UND KULTUR: EIN VERHÄNGNISVOLLER GEGENSATZ

Die Diskriminierung der Tiere beruht auf der kulturell verankerten, das heißt im kollektiven Denken der Gesellschaft tief verwurzelten Gegenüberstellung von Natur und Kultur als zwei unvereinbare Gegensätze. Es ist das Resultat der bisherigen Entwicklungsgeschichte der Menschheit. Im Verlauf dieses Entwicklungsprozesses hat sich die Vorstellung vom Tier als bewusstloser Naturprozess und damit als Kontrast zum »Kulturwesen Mensch« herausgebildet. Es wurde eine Beziehung hergestellt zwischen dem Menschen und den Kategorien des Geistes, der Kultur, der Seele und der Moral, während dem Tier kurzerhand die Materie, die Natur, der Trieb, der Körper und der Instinkt zugeordnet wurden.

Bei mir entstand dieser Eindruck auch bezüglich unserer Naturgeister aller Elemente. Wer will schon als gebildeter Mensch einem einfachen Grashalm Intelligenz zusprechen? Und unsere Tiere sind sehr bald nach Erscheinen des Menschen auf diesem Planeten in nutzbar, brauchbar, unnütz oder sogar gefährlich eingeteilt und dementsprechend behandelt worden. Und plötzlich gab es die eine oder andere Art nicht mehr. Oder sie ist, wie wir heute erkennen, alleine durch das Handeln des Menschen vom Aussterben bedroht.

Diese Entwicklung wurde in den verhängnisvollen Ansichten des Philosophen René Descartes (1596–1650) verstärkt. So verband Descartes seine Entgegensetzung von Geist und Denken einerseits sowie Körper und Materie andererseits mit der Vorstellung, der Mensch sei Bewohner beider Welten, während Tiere aufgrund ihres Vernunftmangels nur Bewohner der materiellen Welt seien. Durch solches Gedankengut degradierte er das

Tiere leben seit jeher im Einklang mit den Naturgeistern. Sie spüren und wissen dadurch mehr als der Mensch heute.

Tier zu einem seelen- und empfindungslosen Automaten und schuf damit die Legitimationsgrundlage für die spätere industrielle Massenausbeutung der Tiere.

Naturgeister als Intelligenzen hatten in einem solchen Denkbild nicht einmal den Hauch von Existenzberechtigung. Naturgeister sind in dem Sinn für den Menschen nicht fassbar, und deswegen konnte und kann ihre Existenz auch nie in irgendeine Form oder Anordnung begrenzt werden. Und wir Menschen müssen wieder einmal mehr erkennen, dass unsere Tiere und die Naturgeister in einer uns nicht bekannten Ebene des Seins leben und wirken. Denn auch Tiere sind unglaublich treu und uns dienend ergeben, auch wenn wir noch so schlecht und ohne jede Liebe mit ihnen umgehen. Ich muss hier einfach erwähnen, dass Tiere und Naturgeister in jeder Form der Erde und der gesamten Schöpfung viel näher »stehen« und mit ihr kommunizieren, als dies der Mensch nur ansatzweise kann. Und wir nennen uns Krone der Schöpfung!

KRAFT UND ENERGIE DER NATUR FÜR MENSCH UND TIER

DER WALD: EIN IN SICH GESCHLOSSENES ÖKOSYSTEM

Dass ich auch ganz besonders auf das Thema »Wald« eingehe, liegt an meinem jahrzehntelang ausgeführten Beruf als Förster. Es gibt Dutzende von Studien über den Wald und die Bäume. Buch reiht sich an Buch. Ja, unser Wald hat ein unerschöpfliches Potenzial an Wissen, Weisheit und Kraft. In den meisten Büchern und Artikeln, in Zeitschriften und Magazinen werden der Wald und die Bäume im Besonderen natürlich immer aus der Sicht des Menschen dargestellt.

Das artet zuweilen so speziell aus, dass ich mich ernsthaft frage, was man mit solchen echten »Märchen« dem Menschen beibringen will. Dabei ist doch beachtlich, mit welcher Intensität geforscht und untersucht wird. Dutzende von Menschen waren und sind damit beschäftigt, etwas Näheres über unsere geheimnisvolle Natur zu erfahren. Derweil wird aber Tag um Tag ein Stück Natur auf der Erde vom intelligenten, wissenden Menschen zur Wüste umgewandelt. Dies geschieht auch intensiv mit den noch vorhandenen Urwäldern dieser Erde.

Für mich interessant ist dabei, dass man z.B. in Europa von »gepflegten« und »wilden« Wäldern spricht. Aus meiner Sicht und wohl auch der unserer Naturgeister müsste man von ökologisch stark beeinträchtigten und noch einigermaßen funktionierenden Wäldern sprechen. Seit meiner Ausbildung musste ich immer wieder dasselbe vonseiten der Forstwirtschaft hören: Wir müssen den Bäumen »helfen«, den Wald pflegen. Ist jedoch ein Wald, der nur aus Monokulturen besteht, »gepflegt«? Ist ein Wald, in dem kein krummer, astreicher Baum stehen darf – weil er forstwirtschaftlich nichts bringt –, ein »gepflegter« Forst?

Mittendrin in diesem Denken und Handeln war mir nie wohl. Meine Naturgeister hatten ganz andere Vorstellungen von einem funktionierenden Ökosystem Wald. Und auch das Thema »alter Baum« wird aus Sicht der Forstwirtschaft auch heute noch vollkommen falsch gehandhabt.

Man opfert alles, um einer Holzindustrie Genüge zu tun, anstatt endlich zu unseren kostbaren Waldflächen zu schauen. Wald muss sich rentieren! Wir sprechen von Nachhaltigkeit. Doch da wird etwas falsch verstanden: Abernten und neu wachsen lassen haben nur mit wirtschaftlichem Denken des Menschen zu tun.

Man muss sich einmal vorstellen, dass ein Stück Wald als geschlossenes System funktioniert. Wenn nun die Bäume weggehauen werden – Kahlschlag genannt, der in vielen Staaten intensiv verbreitet ist –, wird erstens ein ganzes System zerstört und zweitens die unter diesen Bäumen vorhandene Boden-Flora mit einem Schlag, im wahrsten Sinn des Wortes, vollständig verändert. Denn jetzt brennt die Sonne ungehindert auf den vorher beschatteten, feuchtkühlen Boden. Den Pflanzengeistern bleibt nichts anderes übrig, als ihren Standort zu wechseln. Und zurück bleibt eine vertrocknete, unbelebte Schicht von Strauch- und Bodenpflanzen. Und eine von den Pflanzengeistern umgewandelte Pflanzenfläche.

Dies ist aber nicht im Sinne eines funktionierenden Ökosystems. Eines von etlichen Problemen, die wir uns selbst schaffen. Diese Eingriffe haben schlussendlich immer auf eine ganze Region Auswirkungen, denn die dadurch veränderten Energiefelder greifen sehr weit. Interessant fand ich auch immer wieder die Versuche, mit Pflanzungen diverse Baumarten in die Wälder zu bringen. Wurden diese Bäume – gerade in Privatwäldern – nicht intensiv »gepflegt«, stand mit einem Mal ein von den Pflanzengeistern aufgebauter Forst da. Wissen der Menschheit und Weisheit der Pflanzengeister harmonierten sichtbar in keiner Weise!

DER WALD ALS BESONDERER KRAFTORT

Grüne Wälder haben etwas sehr Beruhigendes an sich. Bäume entwickeln auch in einer intakten, geschlossenen Waldfläche die größte Kraft an Energie, da sie in einem ganzheitlichen System eingebunden sind. Dies kann ein einzeln stehender Baum in dieser Art logischerweise nicht erreichen. Und trotzdem wirkt er bereits für den Menschen wohltuend. Immerhin hat man in vielen Forschungen übereinstimmend erkannt, dass sowohl in Städten wie auf dem Land Wald oder auch Bäume ausgezeichnete Resultate erbrachten, wenn es um Stressabbau, Gewaltverminderung bei Kindern, Wohlgefühl und den Körper heilende Ergebnisse ging. Mir

Luftwesen, Baumgeister und Erdgeister vereinen sich im Wald zu einer harmonischen Ganzheit. Deshalb finden wir dort besondere Kraftorte. Haben Sie so ein Luftwesen schon einmal gesehen?

ist dies längst klar, da ja der Mensch einem Naturgeist in allen Bereichen und Belangen weit unterlegen ist. Dies müssten wir wieder einmal deutlich zur Kenntnis nehmen. Dass schon ein Park mit alten Bäumen auf den Menschen sehr positiv wirkt, hat man in Forschungen bestätigt.

Ein Wald hat diesbezüglich natürlich noch viel mehr Energie und gibt dem Menschen, sofern er das will, eine ungeahnte Möglichkeit, Wohlsein bis hin zur reinen Erholung oder sogar Heilung zu erlangen. Diese wundersamen Energiefelder werden eben von einer unübertrefflichen Intelligenz unserer Natur- und vor allem Baumgeister erbracht. Dies wird in keiner Studie nur annähernd angeführt, ja schon gar nicht betrachtet. Und nur aus dem einfachen Grund: Da die Wissenschaft keinen Zugang zu dieser fantastischen, real existierenden Welt findet, gibt es sie offensichtlich auch heute noch nicht! Weswegen, das frage ich mich dann, hatten die alten Kulturen einen solch starken Bezug zum Wald und im Besonderen zu Bäumen?

Heilige Haine und verehrte Bäume gab es in allen Kulturen. Wenn es nicht die damals klar erkennbare Kraft, die heilsame Energie, das Zusammenarbeiten mit den allgegenwärtigen Naturgeistern? Man verehrte sie nicht nur, man arbeitete mit ihnen zusammen. Der Wald war eine wichtige Nahrungsquelle für Mensch und Tier. Und die Naturgeister die Helfer und Ansprechpartner.

Dann kamen Religionen und predigten von einem Gott. Doch der war für die Menschen noch weniger erkenn- und sichtbar als die Geister der Natur. Richtig verstanden. Gott gab es schon zuvor als absoluten Schöpfer. Aber jetzt ersetzte man das eine durch das andere. Hier rückten – gezwungenermaßen – die Menschen einen ersten gewaltigen Schritt weg von der ihnen bislang sehr vertrauten Natur.

Mit der Industrialisierung gab es plötzlich nur noch einen Gott im Himmel, weit weg und unerreichbar für den Menschen. Und unsere Naturgeister wurden völlig aus unserem Alltag verbannt. Man hätte eben nicht einfach einen Kahlschlag machen dürfen. Nach dem Motto: »Das eine tun und das andere nicht lassen.«

Heute ist uns die eigene Natur, die Welt, in der wir hier lebe, völlig fremd geworden. Langsam tastet sich der Mensch wieder zu seinen Urwurzeln zurück, aber mit vorerst wenig Erfolg. Die moderne Technik hat ihn gründlich im Griff. Offensichtlich müssen wir erst durch Zwang lernen. Denn wir gehen jetzt einen Weg, der im Chaos enden wird. Diese Aussagen habe ich zumindest von meinen Freunden klar und deutlich erhalten. Folglich, und dies wird immer offensichtlicher, führen unsere über Jahre ausgeführten Taten zu einem für den Menschen heute sehr schwer zu lösenden Problem. Dies auf allen Ebenen unserer irdischen Elemente.

Gerade der Wald ist eine uns noch völlig fremde Wesenheit, die wir mit modernsten Mitteln sehr schnell zerstören und für Kulturland abräumen können. Doch sein Aufbau und Wiedererstehen in ein urwaldähnliches Gefüge dauert Hunderte Jahre. Urwald wurde von den Naturgeistern nicht in kurzer Zeit aufgebaut. Diejenigen in sich geschlossenen Ordnungen, wie wir sie noch in wenigen Flächen der Welt sehen dürfen, sind in Millionen von Jahren entstanden. Betreffend die Funktion und Zusammenarbeit, wissen wir Menschen darüber gewissermaßen nichts. Wir durften höchstens ein wenig an der äußeren »Schale« kratzen!

Denn diese Ganzheit in ihrer vollständigen Funktion zu begreifen, ja zu überblicken, übersteigt unsere Möglichkeiten bei Weitem. Denn hier haben wir Zeiträume, die von uns nicht überblickbar sind. Unser der Materie gehörendes Hirn ist schlichtweg nicht dazu geschaffen. Ganz so unbeholfen sind wir aber als Menschen doch nicht. Denn die Naturgeister kennen all die Zusammenhänge, das »Funktionieren« unserer weltumspannenden Flora und der Erde selbst. Sie laden uns herzlich ein, mit ihnen und durch sie in diese beinahe unerschöpflichen Geheimnisse einzutauchen. Wenn man diesen verhältnismäßig einfachen Weg einmal fassbar angeht, wird man für seine »Arbeit« mehr als belohnt.

Die unerschöpfliche Energie ist hier in Hunderten von Varianten vorhanden. Diese seit Millionen von Jahren vorhandenen Energien in subtilster Form, in allen auch uns bekannten Arten, müsste der Mensch in ferner Zukunft für sich selbst zu nutzen lernen. Alle Naturgeister in allen Elementen dieser Erde kommunizieren gemeinsam. Dazu brauchen sie Energiefelder und elektromagnetische Schwingungsebenen, genau wie wir, aber ohne schädliche Nebenwirkungen. Es ist ein eigens geschaffenes Netz, das einwandfrei funktioniert, ohne strahlende Antennen, schädliche Mikrowellen, Luftströme verändernde Windräder, Strukturen tötende Wasserkraftwerke, für Menschen gefährliche Atomkraftwerke und dergleichen mehr. Das, so erklären sie uns, wird einmal auch eure Zukunft auf diesem Planeten sichern.

Wir selbst müssen einfach wieder lernen, uns mit der Existenz der Naturwesen anzufreunden. Uns nicht mehr so schwerzutun unserem eigenen Ich zu vertrauen, statt unsere eigenen Projektionen als Fantasie abzutun. Oder unbewusste, psychische Inhalte auf biochemische Prozesse im Hirn zu reduzieren. Es geht hierbei auch klar um Selbstvertrauen. Öffnen wir unseren Geist für die Vielfältigkeit und Einzigartigkeit dieser Erde.

Es gilt also, dazu möchte ich jeden einladen, aus dieser unerschöpflichen Quelle unserer Natur zu lernen. Dies ist überall und jederzeit möglich. Denn Gelegenheiten, wenn man sie beachtet und erkennt, gibt es wahrlich genügend. Lernen, erst einmal zu betrachten, sich einzustimmen auf das Energiefeld z. B. einer Blume, eines Gemüsegartens, eines speziellen Platzes, eines Baumes usw. Und einmal ohne Denken eine Zeit wirken und geschehen lassen. Naturgeister werden so »angesprochen«, und wir erfahren dann genau das, was in diesem Moment wichtig und richtig ist. Aber: nicht werten, analysieren, hinterfragen. Nein, entstehen lassen und Hirn ausschalten! Alle weiteren »Schritte« werden Sie nach und nach selbst erfahren. Naturgeister, auch zu Hause im Garten, sind reine Liebe.

Wurzelgeflechte sind ein beliebtes Zuhause für jegliche Erd-, Baum- und Pflanzengeister. Sie beleben die Strukturen des Holzes, sodass ein besonderer Zauber von ihnen ausgeht.

Mit Naturgeistern in Kontakt treten

Naturgeister wirken auf unterschiedlichste Weise auf unserem Planeten. Wenn wir aufmerksam sind, können wir den Tanz der Luftgeister beobachten, die Energiefelder der Pflanzengeister spüren und ihre verborgenen Botschaften als Wegweiser für uns annehmen.

EINTAUCHEN IN DIE ENERGIE DER NATUR

AKTIVIERUNG DER EIGENEN HEILKRÄFTE

Seit über sechzehn Jahren – wir schreiben jetzt 2020 – biete ich Waldseminare an. Und jedes Jahr werden es mehr, da viele Menschen allmählich ihren Weg zurück zu den Wurzeln der Natur gehen wollen. Es ist doch interessant, dass aus dem fernen Japan eine neue Art der Kommunikation mit dem Wald daherkommt, die sich salopp »Waldbaden« nennt. Offensichtlich muss alles einen bestimmten Namen haben und von irgendwem »erfunden« werden, damit es bei den modernen Menschen ankommt. Eintauchen in die Natur kann jeder für sich selbst. Es braucht einfach die nötige Offenheit und innere Einstellung.

Was ich in diesem Buch ansatzweise und in meinen Seminaren ausführlich unter Anleitung den interessierten Menschen weitergeben will, ist die Aktivierung der eigenen Heilkräfte mithilfe unserer Naturgeister. Dies bedeutet viel mehr als Eintauchen in die Natur. Wie in allem muss man an sich durchaus nachhaltig arbeiten (nicht körperlich), um etwas Wahrnehmbares zu erreichen. Einfach in einem Wald sein, kann schon eine gute Entspannung für Körper und Geist bedeuten. Dabei ist aber zu beachten, dass wir ja mit den Urkräften unserer Natur in Kontakt treten wollen. Und dies ist eine andere Ebene, als einfach in der Natur zu entspannen und in sie einzutauchen.

Es gibt ganz unterschiedliche Aspekte von Energie- und Schwingungsfeldern, die da vorhanden sein können, da jeder Wald, jedes Naturgebiet seine Eigenheit hat. Und Wald ist längst nicht Wald. Wie Natur auch nicht Natur bedeutet. Da gibt es Dutzende von Varianten. Nur weil z. B. eine Anzahl Bäume an einem Ort zusammensteht, ist dies noch längst kein Wald, wie ich ihn als Fachmann interpretiere. Denn das Wichtigste sind eine vorhandene, spürbare Schwingung und die Intensität von anwesenden Naturgeistern. Letzteres ist außerordentlich unterschiedlich. Im Folgenden können wir unsere feinstofflichen Sinne stärken, ausbauen und allmählich bewusster wahrnehmen.

ÜBUNG

» NATUR- UND PFLANZENGEISTER BEGRÜSSEN

Einen einfachen Einstieg bietet folgende Übung, am besten durchführbar in einem Wald mit Hochstämmen: ein Fichten-, Tannen-, Buchen- oder Laubmischwald. Es eignen sich natürlich auch Naturlandschaften wie Biotope, Moore, brachliegende Felder, Auen an Flüssen und Seen oder Auenwälder. Man muss an diesem Ort einfach wirklich Ruhe und Stille finden können.

Das Wichtigste für mich persönlich ist jetzt, nachdem ich »meinen« gewollten Ort erreicht habe, erst einmal die ganzen Natur- und Pflanzengeister im Besonderen zu begrüßen. Wenn man z. B. einfach einen Wald betritt, sich dann an einem Platz niederlässt, ist das für mich gleichbedeutend, wie wenn ich in den Garten von Freunden eintrete, mich da einfach niederlasse und nun allen Ernstes erwarte, dass sie mich bedienen.

Das heißt also, ich betrete nie ein Aufenthaltsort, ohne die hier wohnenden Wesenheiten zu begrüßen. In Dankbarkeit, dass sie mir Gastrecht gewähren. Damit stelle ich schon einmal ein sehr positives Energiefeld her, und ich darf mir gewiss sein, dass mich die Naturgeister willkommen heißen. So werde ich dann auch begleitet, geführt und in vielerlei Hinsicht unterrichtet. Denn der Mensch ist hier zu Gast auf dieser Erde und nicht der Herrscher und Gastgeber. In dieser Beziehung muss der industriell geprägte Mensch wieder in eine ganz andere Denk- und Handlungsweise zurückfinden. Ansonsten bleibt ihm diese wunderbare, einmalige Welt wahrlich verschlossen.

Um den Boden richtig wahrnehmen zu können, sollten die Füße frei sein, sodass unsere Fußsohlen einen Kontakt zum Laub, Gras, Moos, den Steinen oder Ähnlichem herstellen können. Nun ist es vonnöten, erst mal das ständig ratternde Hirn in einen ruhigeren Gang zu bringen. Stehend oder sich niedersetzend kann man nun beginnen, die Umgebung zu erkunden.

Das heißt: Gerüche der Pflanzenwelt aufnehmen, in die Stille hineinlauschen, Naturgeräusche ihrem Ursprung zuordnen. Vielleicht nehme ich erstmals auch eine Berührung durch Luftgeister wahr, indem ich den sanften Wind spüre. Einfach sein, ohne etwas zu denken, zu müssen oder eine nächste Aktion zu planen. Währenddessen achte ich vermehrt auf meinen Atem, probiere, ihn ruhig und gleichmäßig zu halten. Ein kurzer Besuch in der Natur kann allemal Entspannung und innere Ruhe bringen. Bei einem Baum verweilen, ist sicher von Bedeutung. Aber es gilt, für mich zumindest, nicht einfach »schnell« etwas zu tun, sondern wirklich eine ganzheitliche Arbeit an sich auszuführen. Dies kann schlussendlich auch zu einer Heilung von körperlichen Leiden führen.

» MICH SELBST ALS GEISTWESEN ERFAHREN

Aus meiner langjährigen Erfahrung weiß ich, dass es wichtig ist, einfach einmal »zu sein«. Genau wie ein Baum. Und danach geschehen lassen. Das Denken des Menschen, dass ich jetzt etwas erhalten muss, konsumieren kann, ist so falsch wie unser Verhalten der Natur gegenüber. Wir nutzen, holen, ernten und nehmen. Hier geht es jedoch darum, wirklich in Demut und großer Dankbarkeit dieser von uns weitestgehend unbekannten, geheimnisvollen Schöpfung zu begegnen. Geschehen lassen, nicht aktiv irgendwelche Übungen und Rituale ausführen. Dies kommt, wenn überhaupt, viel später.

Erst einmal müssen wir uns in die Schwingungsebenen der hier vorgegebenen »Zeit« einbringen. Das geht nicht in fünf oder zehn Minuten. Ein solches »Sein« im Einklang mit der Naturgeisterwelt habe ich in Stunden oder ganzen Tagen und Nächten ausgeführt. Für Menschen, die nur von Hast und Terminen gelenkt werden, eine unvorstellbare Vorgabe. Nur, so müsste ich jetzt die Leserin oder den Leser ernsthaft fragen: »Weswegen sind wir Menschen wirklich auf diesem Planeten, und was sind unsere wahren Aufgaben?«

Tausende von Menschenseelen inkarnieren in dieser einmaligen Welt. Und sie verlassen diese wieder, ohne einmal nur etwas von diesem Planeten wirklich erfahren zu haben. Von kennenlernen sprechen wir schon gar nicht. Hier in dieser Welt der Naturgeister erhalte ich eine einmalige Gelegenheit, dies zu tun. Dazu reicht es schon, jeden Tag die Naturwesen zu begrüßen, mit Pflanzen in der eigenen Wohnung zu kommunizieren, den Garten wirklich wahrzunehmen, die Veränderungen der Jahreszeiten bewusst zu erleben und nicht zuletzt, unsere pflanz-

liche Nahrung mit großer Dankbarkeit für die Naturwesen bewusst zu genießen.

Sich selbst vertrauen lernen, annehmen, nicht ständig alles hinterfragen. So kann ich draußen unendlich viel erhalten. Denn im Sein liegt die Kraft des Ganzen. Urplötzlich entdecke ich mir bislang verborgene Dinge, nehme Geräusche völlig anders wahr, werde für subtilste Bewegungen, Veränderungen, Geschehnisse aufmerksam. Erkenne mit einem Mal mich selbst als Geistwesen, und urplötzlich darf ich, bewusst geführt von den Naturgeistern, in ihre unbeschreiblich vielseitige Zwischenwelt eintauchen. Dieser Moment, das wird mir von meinen Seminarbesuchern immer wieder bestätigt, ist wohl der schönste Moment im Leben eines Menschen.

Ausdauer, einfach im Dasein sein, dankbar annehmen, nicht fordern oder wollen, sondern empfangen, sich geben lassen. Das sind die absoluten Vorgaben, um mit der einmaligen »Welt« der Natur- und Pflanzengeister zu kommunizieren, in Kontakt zu treten. An sich selbst arbeiten, nicht konsumieren, nach eigenem Gutdünken handeln. Eine große Achtung, Respekt und Dankbarkeit gegenüber unserer Natur entfalten und erhalten. So stimmt dann auch das Sprichwort, das da heißt: »Weniger ist mehr!«

In den Strukturen des Holzes offenbaren sich Wunderwelten der Naturgeister. Spüren und erfahren Sie die einzigartige Symmetrie der Waldwesen und Sie werden aus dem Staunen nicht mehr herauskommen.

IN DER KRAFT UNSERER NATUR ARBEITEN

NATURGEISTER WAHRNEHMEN

In die Kraft der Natur einzutauchen ist wohl das Erholsamste für den Menschen. Überall bietet sich eine Gelegenheit, wenn man sie erkennt und bewusst wahrnimmt. Dabei ist es möglich, immer mit den vorhandenen Energien zu arbeiten, egal, in welchen Bereichen der Natur man sich gerade aufhält.

Unsere Naturgeister sind in so vielfältiger Weise vorhanden, dass wir sie auf verschiedenste Arten erleben dürfen. Die Energien sind natürlich spürbar anders gelagert, wenn ich auf einem Feld bewusst gehe, an einem fließenden Bach sitze oder an einem ruhigen, stehenden Gewässer am Ufer still lauschend stehe. Ganz andere Energiefelder nehme ich in einer Steinrufe oder einem Schneefeld auf.

Überall hat es Naturwesen – für mich sichtbar, für den Menschen jedoch spürbar. Es sind jeweils die Momente, in denen man eine ganz spezielle Stimmung in sich und auch um sich wahrnimmt. Emotionale Regungen in subtilster Form. Wenn Sie solche Energiefelder bisher nicht beachtet haben, ist dies ein erster wichtiger Schritt, um sich energetisch in die vielseitigen Schwingungen der Natur einzubringen und bewusst deren unterschiedliche Qualität zu erkennen.

Naturgeister haben ihren Aufgaben entsprechend eine völlig unterschiedliche Energie. Ein Steingeist kommuniziert mit mir in gänzlich anderen Frequenzen als z.B. ein Pflanzengeist. Wassergeister haben wieder andere Energiefelder und sehen auch in ihren Formen den vorhergehenden nicht ähnlich. Luftgeister kommunizieren meist in diversen Klängen. Hier dürfen wir all den Feinheiten lauschen. Deswegen können wir auch wirklich von diversen Dimensionen sprechen. Auf der Ebene der Kommunikation unter sich haben sie ein einheitliches System geschaffen, das in verschiedenen Frequenzen benutzt werden kann, auf vielseitige Weise eingesetzt wird, aber trotzdem ganz einfach und perfekt wirkt.

DIE KRAFTFELDER DER NATUR

Auch hier, denke ich oft, wäre eine Zusammenarbeit von Menschen mit den Naturgeistern von höchster Wichtigkeit. Wir könnten unser sehr einfaches Kommunikationssystem mit all den negativen Auswirkungen auf den Menschen in eine ganz neue Ausrichtung bringen. All die technischen Erfindungen der Menschheit haben dazu geführt, die Menschen durch unzählige Möglichkeiten in eine Gesellschaft von ständig miteinander verbundenen Konsumenten zu bringen. Sowie eine technische Welt aufzubauen, die einerseits dem Menschen sehr viele positive Dinge bietet, um sein Leben angenehmer zu gestalten – andererseits »bezahlen« die Menschen dafür einen sehr hohen Preis.

Längst hat man erkannt, dass ein Roboter nie einen Menschen ersetzen kann, was die Bereiche »Zuneigung« und »Berührung« anbelangt. Das dadurch entstandene Feld von negativen Auswirkungen auf das ganze Ökosystem, nebst den immer stärker werdenden körperlichen Krankheiten in zum Teil immer neuartigeren Erscheinungen, lässt uns mehr und mehr erkennen, wie brüchig die vom Menschen geschaffene »Welt« wirklich ist. Naturgeister weisen uns schon längst darauf hin. Böse gesagt, könnten sie sich zurücklehnen. Denn ihre »Welt« bricht nicht zusammen, und ihr System, hier zu leben und zu wirken, wird jede noch so heftige Veränderung überstehen.

Doch es ist ihnen nicht egal, was mit den Menschen geschieht. Und so greifen sie immer wieder und überall, wo dies möglich ist und von uns zugelassen wird, helfend ein. Da sich der auf Technik und materielle Werte ausgerichtete Mensch immer weiter von ihnen entfernt, ziehen sie sich konsequenterweise auch mehr und mehr zurück. Ihre Informationen fehlen uns zunehmend in allen Bereichen unseres Lebens. Ja, ein sehr großer Anteil unserer Nahrung ist für unseren physischen Körper nicht mehr von Nutzen, weil in ihnen die wichtigen Informationen teilweise oder ganz fehlen.

In meiner langjährigen Arbeit habe ich festgestellt, dass wir uns durch das energetische Einschwingen in die Kraftfelder der Natur in vielem regenerieren können. Da sind wir nun wieder verbunden mit unseren unermüdlichen Helfern. Dabei werden – das ist besonders augenfällig – Körper und Geist miteinbezogen. Ich muss einfach darauf achten, dass ich mich mit meinem Körper wirklich in gut schwingender Natur aufhalte. Das kann durchaus auch in meinem Garten sein, wenn ich ihn als wohltuend empfinde. Denn die Naturgeister sind schließlich auch in jedem Garten »zu Hause«, sofern dieser eine gewisse Größe hat, auch als Gemeinschaft. Ansonsten kommen sie als Einzelwesen vor, eben in den Sträuchern, Blumentöpfen, Rabatten usw. Sie leben und wirken selbstverständlich auch in den Pflanzen auf dem Balkon oder in den Pflanzen im Wohnraum. Aber sie können keine Gemeinschaft bilden. Der Informationsfluss ist eingeschränkt, und logischerweise entstehen so keine wirklich energetisch wertvollen Felder.

ÜBUNG

›› ENERGIEFELDER WAHRNEHMEN

Nun bin ich also draußen im Feld und stimme mich auf die Energiefelder ein, die an dem Ort vorhanden sind, an dem ich mich jetzt gerade aufhalte. Mit Naturgeistern zu arbeiten erfolgt jedes Mal nach demselben Muster: Geeigneten Platz einnehmen, Atemübung im Stehen ausführen, Körper und Geist entspannen und still werden lassen. Wie lange Sie dazu benötigen, tut nichts zur Sache. Aber dass Sie es konsequent ausführen, ist wichtig. Dann, wie gewohnt, einfach einmal sein. Wir müssen wieder lernen, einmal wirklich nichts zu tun.

Zu sein heißt nun beobachten, sofern ich dies mit offenen Augen und ohne das »Einschalten« des Hirns und das Produzieren von Gedanken kann. Ansonsten muss ich auch dies unterlassen. Augen schließen und nur noch in die ganzheitliche Wahrnehmung eintauchen: Hören, fühlen, spüren. Vielleicht leise Klänge, ein Summen, ein Hauch von Luft, Veränderung meines Körpers in der Temperatur wahrnehmen. Aber nie analysieren oder werten. Geschehen lassen – unbedingt, einfach geschehen lassen!

Die Zeit, die ich jetzt an diesem Platz verbringe, soll so lange sein, wie ich fühle, dass es für mich stimmt. Schon der Wechsel von einem offenen Feld in einen dichten, mit vielen Bäumen bestückten Wald kann ein Erlebnis sein. Denn das Energiefeld eines in sich geschlossenen Wal-

des ist mit nichts vergleichbar. Das kühle Dunkel, das mich umfängt, wie auch würzige Düfte von diversen Objekten, die hier zu finden sind. Umgehend stehe ich still, begrüße die Wesenheiten, die hier sehr stark wahrnehmbar, für mich in Dutzenden von Formen sichtbar werden. Andächtig gehe ich wenige Schritte vorwärts, höre dem Summen der vielfältigen Insektenwelt zu, nehme die zarten Berührungen der Waldgeister auf.

Erkennen sie die Erdmänner im Moos und Holz? Die Lichtwesen beleben diesen wunderbaren Garten der Waldgeister.

In kürzester Zeit reagiert unser Geist auf diese Stille mit innerer Ruhe. Wir können unseren Blick schweifen lassen, wohin wir wollen, überall gibt es etwas zu entdecken. Insbesondere die Intensität der vielfachen Schattierungen von grünen Farben hat etwas speziell Mystisches an sich. Luftgeister lassen die Blätter schwingen, sanfte Stimmen von Vögeln sind vernehmbar. Sie wissen plötzlich, weswegen man sagt: »In einen riesigen Raum eintreten.« Der Waldboden ist voller Leben, die Bäume stehen wie mächtige Wesen da, und ein Kronendach schließt das Ganze ab. Ohne viel Mühe sind wir jetzt wirklich in eine andere »Welt« eingetreten.

DIE WUNDERSAME HEILKRAFT DES WALDES

Hier kann man nun wirklich Erholung und ganzheitliche Heilung erfahren. Man weiß längst, und die Naturgeister haben es mir mehrfach bestätigt, dass schon ein bewusster Besuch in einem geschlossenen Wald sehr erholsam, ja auf diversen Stufen heilsam ist. Durch die spezielle Energie wird erst einmal Stress abgebaut, können Diabetes und Bluthochdruck gelindert werden. Ich habe selbst bei Menschen erkannt, die an körperlicher oder schwerer geistiger Behinderung litten, wie sie im Wald eine umgehende Freude und Ruhe auszustrahlen begannen.

Naturwesen können sich auch ganz kreativ zeigen und uns Menschen zu künstlerischem Ausdruck inspirieren. Wie diese Skulptur aus Holz – ein Kunstwerk der Natur.

Dass unsere Naturwesen unsere Psyche positiv beeinflussen, ist dabei ein wunderbarer Nebeneffekt. Terpene (Duftstoffe), die Bäume unter vielen anderen Möglichkeiten zur gegenseitigen Kommunikation anwenden, behagen uns ebenso, um unsere Systeme und Zellen mit positiven Schwingungen zu nähren. Was da in diesen Beziehungsfeldern alles abläuft in Sachen gegenseitiger Informationen, ist einfach nur unglaublich. In diese Ebenen haben wir Menschen noch nie wirklich Einsicht erhalten. Denn wir sprechen wohl von dem und diesem, versuchen irgendwie das Ganze – auch wissenschaftlich – zu erklären und zu begreifen.

Aber, liebe Leserin, lieber Leser, was in unseren Wäldern der Erde wirklich abläuft, da ist das Wissen der Menschheit immer noch ganz am Anfang. Und wir zerstören die Erde gedankenlos, bevor wir sie nur zu einem Teil kennen!

Es gibt Dutzende von Pflanzen, die für alle Gebrechen unseres Körpers eine spezielle Heilung bringen können. Dies etwas näher zu erfahren und um sich selbst einen Einblick in eine unglaubliche, ebenfalls noch weitgehend unbekannte »Waldapotheke« zu ermöglichen, müssen Sie zu anderen Sachbüchern greifen. Denn dies würde den Rahmen dieses Buches bei Weitem sprengen. Aber es gibt noch einen anderen Weg: Nämlich direkt durch eine intensive Arbeit mit Pflanzengeistern selbst lernen und erfahren. Das steht uns allen offen, und wir sind dazu herzlich eingeladen.

Das Zusammenspiel all der Natur- und Pflanzengeister übertrifft die gesamten Vorstellungen von uns Menschen, was Intelligenz und Weisheit dieser Geschöpfe anbelangt. Und der Mensch vermutet, gibt Forschungsergebnisse bekannt und glaubt, etwas beweisen und belegen zu können. Aber hier stehen wir abseits und kratzen nur an der Oberfläche, denn wir können schlicht nicht in einer so unendlich verflochtenen Vollständigkeit denken. Können nicht in all den Zeiträumen Schlüsse ziehen, wie das unsere Jahrmillionen alten Naturgeister mit Leichtigkeit ausführen. Deswegen gibt es einfach nur: Annehmen, staunen lernen, geschehen lassen. Dieser einmaligen Gewalt an Schöpferkraft mit großer Demut und in Achtung und Respekt begegnen.

Nehmen wir dies so an, begeben wir uns in ein unergründliches Feld von Energie. Eine Dynamik, die es uns Menschen ermöglicht, einzutauchen und aufrichtig zu lernen anzufangen. Geschult von liebevollen, dienenden Naturwesen, die uns in ihre Welt mitnehmen, die uns sonst verschlossen bleiben würde. Wir dürfen wahrhaft mit diesen Energien zu unserem eigenen Wohl und für unsere ganzheitliche Gesundheit arbeiten. Meine eigene Selbstheilung habe ich dadurch empfangen.

Aus meinen eigenen Erfahrungen lernte ich natürlich immer am schnellsten. Intensive Erlebnisse prägten das eigene Bewusstsein. Der Körper muss über den eigenen Geist geheilt werden, denn »heil« sein kann ich ja nur, wenn ich in meiner Ganzheit lebe und all die krank machenden Felder endgültig auflöse. Naturgeister »wissen« um den Zustand eines Menschen. Deswegen werden sie den Menschen genau auf diese Felder hinweisen. Ich erhalte also von ihnen eine klare Instruktion, indem sie mir all die Kanäle wieder öffnen, welche ich selbst zum »Stillstand« gebracht habe. Und genau in dieser Kommunikation entsprießt umfassende Heilung; immer über mein eigenes Selbst.

MIT NATURWESEN KOMMUNIZIEREN LERNEN

EINBLICKE IN DIE ZWISCHENWELT

Naturwesen gibt es und hat es immer gegeben. Dies sind keine »Märchen« oder schöne Fantasien von »Spinnern« und Kindern. Es gab früher Zeiten, in denen sie mit den Menschen eng zusammengelebt und gearbeitet haben. Diese Tatsache kann man nicht genug hervorheben. Die verschiedensten Darstellungen sind dazu in all den Jahren und allen Kulturen entstanden. Filme wurden gedreht, gute und fragwürdige Geschichten mit viel Spektakel im Inhalt. Die Menschen zog es heimlich oder offen, geradezu immer wieder in diese geheimnisumhüllten Dimensionen. Warum? Irgendwie spürt schließlich jeder Mensch, der sich mit unserer Schöpfung näher oder intensiver beschäftigt, dass da mehr, ja viel mehr sein muss. Aber einen geeigneten Zugang findet er nicht.

Da unsere Erde selbst als Wesenheit »lebt«, verändert sie sich dementsprechend auch ständig. Dies geht natürlich in einem sehr weitläufigen Raum unserer Zeit vonstatten. Deswegen hat sich die Schwingung der Erde in den Hunderten von Jahren merkbar verändert. Wir nehmen dies deutlich wahr, auch wenn wir die Hintergründe nicht genau erkennen. Meist schreiben wir dies einfach der jetzigen Konstellation zu, die wir selbst geschaffen haben: Hektik, Stress, Druck. Keine Zeit haben und rastlos sein.

Unsere Naturwesen haben ihre Schwingung beibehalten. Ihre »Welt« ist dieselbe geblieben, die sie schon vor Tausenden von Jahren zelebrierten. Denn im Gegensatz zum Menschen, das ist wichtig zu wissen, haben sie ihre eigenen Veränderungen bewusst und ihrer Weisheit angepasst modifiziert. Wir Menschen haben uns jedoch dem Schwingungsfeld der Erde kaum angepasst, respektive ihre Schwingung in einigen Belangen sogar bedeutend verändert.

Dies wiederum hat nun direkt eine erkennbare Wirkung auf uns. Die Elemente unserer Erde werden dabei vom Menschen intensiv herausgefordert. In dieser für uns negativen Entwicklung haben wir es so weit gebracht, dass wir die feinstofflichen Wesen nicht mehr direkt wahrnehmen können. Indirekt spüren oder ahnen wir sie. Und jeder feinfühlige, sensitive Mensch weiß instinktiv, dass da noch eine »Welt« in unserer materiellen Ebene sein muss oder eben real existiert.

Für mich ist dies ja seit jeher eine Tatsache. Deswegen freue ich mich, dass zunehmend Menschen diese Verbindung in die Zwischenwelt nachdrücklich ergründen und versuchen, ihr verkümmertes und verschüttetes Unterbewusstsein wieder zu aktivieren. Verschlossene Kanäle wieder zu öffnen. Der Geistkörper des Menschen hat jederzeit in seiner Beschaffenheit die Möglichkeit, mit der feinstofflichen Welt in Kontakt zu treten. Aber er muss es mühsam wieder lernen, üben und an sich arbeiten.

Die Naturwesen schwingen in einer völlig anderen Frequenz, als die Menschen dies tun. Interessanterweise kann sich ein Mensch in diese Frequenz einschwingen. Das durfte ich in all den Jahren, in denen ich mit Menschen arbeitete, erfahren und erkennen. Das Rüstzeug dazu ist ihm eigen durch seinen Geistkörper. Und deswegen kann er tatsächlich in diese feinstoffliche Zwischenwelt Einblick erhalten, ja wieder wie unsere Urahnen mit Naturgeistern in Kontakt treten und zusammenarbeiten. Unser Endziel, das eine uns noch unbekannte Befriedigung für das eigene Leben bringt. Endlich wissen und erkennen die Menschen dann, weswegen sie wirklich auf diesem Planeten zu Gast sind.

GEZIELTE KOMMUNIKATION

Gerne will ich hier etwas zu einer gezielten Kommunikation mit den Naturgeistern erzählen. Ich nenne den Raum, in dem diese wunderbaren, weisen Wesenheiten wirken und leben, eine andere Dimension auf unserer Erde. Interessant dabei ist die Tatsache, dass in dieser feinstofflichen Zwischenwelt auch die körperlosen Seelen von einst hier lebenden Menschen anwesend sind. Aber eine eigentliche, gegenseitige Verständigung findet trotzdem nicht direkt statt. Die irdische Prägung dieser Seelen in der materiellen Welt war so stark, dass sie einerseits in dieser Zwischenwelt »hängen« bleiben und andererseits die Existenz feinstofflicher Wesenheiten der irdischen Ebene immer noch nicht wirklich annehmen wollen. Sie erkennen dabei die »Welt« der Naturgeister nur bedingt oder gar nicht.

Die Naturwesen laden uns ein, ihre Welt zu betreten. Alle Formen und Gestalten werden sichtbar.

Das ist sehr schwer zu verstehen, hat jedoch einen logischen Hintergrund. Wie auf der Erde, so danach! Die »eingebrannten« Muster lassen sich nicht einfach verändern oder schnell auflösen. Dabei wären die Naturgeister unsere ersten ansprechbaren Partner, die uns als umherirrende Seelen einen gangbaren Weg aus der Materie zeigen könnten. Erst danach kommen nämlich die anderen Schwingungsfelder, wie Engel, Geistführer und dergleichen, dazu. Der Weg auf die Erde und wieder von dieser Erde weg ist eine spezielle Erfahrung jeder Seele und ganz individuell.

Naturgeister leben und wirken also hier mitten in dieser irdischen Materie. Sie sind jedoch nicht direkt an das im Laufe der Zeit veränderte grobstoffliche Schwingungsfeld der Erde angekoppelt, sondern eher an etwas, was man als Lichtwesen der Erde bezeichnen könnte. Hier erklärt sich die Nähe zu den aus dem physischen Körper ausgetretenen Menschenseelen. Doch die Menschen haben sich nachhaltig von den Naturwesen entfernt. Dies eben in der materiellen wie auch in der Zwischenwelt.

Wenn man Naturgeister wirklich wahrnehmen will, muss man sich bewusst werden, ja überzeugt sein, dass sie diesen Kontakt auch gerne mit uns, zu uns hätten. Als ich auf meinem eigenen spirituellen Weg plötzlich anonyme Wesen erkannte, war mir umgehend aufgefallen, dass dies nicht über die physischen Augen meines Körpers geschah, sondern dass ich eine Art Fenster in meinem ganzheitlichen Bewusstsein geöffnet hatte. Ich konnte sie ja nicht einem mir bekannten Objekt zuordnen, da ich diese Eigenart von Wesen noch nie gesehen hatte.

In diesem Moment, da kann ich mich bestens zurückerinnern, war mir sehr unwohl in meiner »Haut«. Mit einem Mal durfte ich eine mir bislang vollkommen verborgene und eigentlich nicht existente Welt betreten. Allmählich lernte ich dazu. Erkannte, wie man seinen Geistkörper dazu bringt, in diese Zwischenwelt hineinzublicken. Lernte bewusst, das »dritte Auge« zu öffnen. Durch mein bereits verfügbares »Sehen« in die »Welt der Toten« hatte ich eine gewisse Übung darin.

ÜBUNG

» DAS DRITTE AUGE ÖFFNEN

Wenn Sie also selbst in diese Welten »sehen« wollen, ist eine erste klare Haltung vonnöten. Keinen Moment dürfen Sie an Ihren vorhandenen Fähigkeiten zweifeln. Im Gegenteil. Sie müssen hundert Prozent davon überzeugt sein und dies auch in Ihrem inneren Bewusstsein so »einspeichern«. Mein Hirn hat da nichts mehr zu melden!

Bringen Sie Ihren Körper an einen Ort, an dem wirklich Ruhe herrscht und Sie nicht von irgendetwas in Ihrer Arbeit gestört werden. Natürlich am besten irgendwo in freier Natur. Den physischen Körper entspannen: Sie können dazu auch eigene Übungen kreieren, um wirklich ganz bewusst in die Ruhe zu kommen. Das heißt ganz konkret, dass auch alle Gedanken zurücktreten müssen, am besten lösen Sie diese auf. Denn solange Ihr Hirn mit Gedanken und Denken beschäftigt ist, kann mein »Ich-Bewusstsein« nicht frei in Schwingung kommen. Hirn und physischer Körper in eine absolute Ruhe zu bringen wird vorerst sowieso die größte Herausforderung für Sie werden. Doch sie lohnt sich allemal, denn dadurch können auch Entspannung allgemein und Genesung des Körpers im Allumfassenden eintreten.

Nun sind Sie so weit: Nach einigen Übungen erkennen Sie Lichtpunkte, zuerst mit geschlossenen, bald mit offenen Augen – es wird richtig hell. In diesem Licht erfassen Sie erstmals die überall in feinster Schwingung vorhanden Energiefelder. Diese zeigen sich deutlich in transparenten kleinen Blasen. Sie werden diese sehr bald mühelos mit dem physischen Auge wahrnehmen. Es handelt sich konkret um »Prana«-Energie – die Bezeichnung kommt aus dem Sanskrit und bedeutet Lebensenergie.

Das heißt, wir entwickeln in unserem Bewusstsein ein gewisses Stadium der Reinheit. Denn wir wollen ja mit Naturwesen in Kontakt treten, und dies ist eine unumgängliche Voraussetzung. In negativen, dunklen Energiefeldern eingebettet, kann ich diese Stufe nie erreichen. Denn Naturgeister schwingen in absoluter, reiner Liebe, also in hoher Lichtfrequenz. So können wir jetzt, als unendliches Geschenk, die göttliche Einheit empfangen, in der der ursprüngliche Mensch in und mit der göttlichen Schöpfung einst lebte.

Dieses Empfinden und allmählich »Sehen« ist keine rein persönliche Begegnung, kein persönlicher Besitz, sondern wird zu einem bleibenden, sehr einfachen und sicheren Wissen. Integriert in eine allumfassende Weisheit. Und vielleicht erkennt hier der Suchende, dass wir eigentlich in einem absolut einfachen System leben und wirken. Diese Verborgenheit und all die offenbar vorhandenen Geheimnisse existieren nur, weil wir unsere Verbindungen zugeschüttet oder sogar weitgehend gekappt haben. Nun sind sie wieder offen und frei verfügbar.

Üben Sie dann mit Ihren Gliedern – Hand, Bein, Fuß –, indem Sie einen dieser Körperteile mit den Augen fixieren. Sie werden staunend erkennen, dass Sie diesen Teil auf einmal nicht mehr »sehen«, weil Sie eine andere Dimension öffnen und damit urplötzlich »nur« noch Lichtenergie wahrnehmen. Sie »sehen«, oh Wunder, durch die grobstoffliche Materie hindurch. So ist es auch mit den Naturwesen. Sie sind zwar hier auf der Erde überall anwesend, aber in einer anderen Dimension tätig.

Öffnen Sie nun durch Ihr bewusstes Können – das haben Sie sich ja inzwischen ausdrücklich selbst erarbeitet – das »dritte Auge«, so können Sie jetzt diese wunderbaren Wesen in fest umrissenen Strukturen wahrnehmen. Es tritt dabei die umgekehrte Wirkung ein: Je nach Schwingungsgrad Ihrer Entwicklung tauchen Sie weiter ein, öffnen damit die Schwingungsfelder dieser Wesen auch in unterschiedlichen Dimensionen.

Einen Kontakt herzustellen, ist – sofern mit einer von reiner Liebe geprägten Absicht gearbeitet wird – keine »hohe Schule« magischer Handlungen. Einfach wirklich nicht durch unsere physischen Augen »sehen wollen«, denn die sind für Grobstofflichkeit geschaffen. Nicht wollen, sondern geschehen lassen!

Wenn wir das »dritte Auge« öffnen, können wir durch die grobstoffliche Materie hindurchsehen.

IN EINKLANG MIT DEN NATURGEISTERN

Nie darf ich etwas wollen oder mit Begier arbeiten. Damit verbaue ich sofort wieder jeden Zufluss von Lichtenergie. Und Licht ist das Wichtigste in allem, denn es ist die tragende und lenkende Energie einer dahinter verborgenen Liebe. Mit Naturwesen zu sein bedeutet, den Fokus einmal völlig zu verlagern. Abkehr von Ihren Problemen, dem Suchen nach Lösungen, hin zu einer unbeschreiblichen Freude, die Sie mit Naturgeistern gemeinsam in dem Moment erfahren – ohne etwas zu verdrängen. Denn um dieses Thema geht es zurzeit allgemein in der Entwicklung des Menschen.

Naturgeister werden eine bewusste Kommunikation mit Ihnen aufnehmen. Sie erzählen nicht: »Vergessen Sie Ihre Probleme«, sondern fordern Sie auf, sich auf das Licht dieser Erde auszurichten, auf die alles umfassende Freude – und alles Übrige darf auch sein. So sorgen sie dafür, dass unser meist kompliziertes, komplexes Denken eine ganz andere Schwingung von Leichtigkeit erfahren darf. Ihr einst zerstreutes »Puzzle« beginnt sich allmählich zusammenzusetzen.

Naturgeister sorgen freundschaftlich gerne dafür, dass Menschen zu lachen anfangen, zu singen, Freude zu empfinden. Sie haben es sehr gerne, wenn die Menschen z. B. singen, weil sie selbst auch gerne singen und tanzen. Das ist mit ein Grund dafür, dass ich den Besuchern in meinen Seminaren immer wieder sage, dass sie in der Natur etwas singen sollen, eine Flöte spielen oder sonst ein kleines Instrument. Natur-, Pflanzen- oder Baumgeistern zu begegnen heißt auch, sie eine gewisse Ehrerbietung spüren zu lassen.

Deswegen ist es immer angebracht, ihnen etwas mitzubringen, das man irgendwo bewusst platziert. Dies können kleine Edelsteine sein, gefertigte Schmuckstücke aus Holz, Gaben bestehend aus Reis- oder Maiskörnern, geringfügige Mengen von Lebensmitteln. Die Gaben bleiben liegen, aber die Wesen erfreuen sich an deren Energie oder entziehen ihnen den Extrakt, sodass z. B. Schokolade wenige Zeit später so schmeckt, als hätte sie da schon tagelang gelegen. Lebensmittel in reinster Form sind ja die Früchte der unermüdlichen Arbeit unserer Naturgeister.

Naturgeister sind sehr aufmerksam. Sie nehmen uns sehr schnell wahr, ergründen unsere Absichten, noch bevor wir einen Platz definitiv eingenommen haben. Sie sind willens, uns wirklich zu helfen. Auch den Menschen, die Naturgeister nicht wirklich wahrnehmen und schon gar nicht sehen können. Wichtig ist, dass wir ihnen zugestehen, da zu sein, und ihre Existenz nicht anzweifeln. Ihre unentgeltliche Hilfe, das sollte uns ganz besonders bewusst sein, kann aus verschiedenster Energie bestehen und dementsprechend ihre Wirkung bei uns entfalten.

Eine erste klare Erkenntnis ist einmal, dass wir uns durch die tief greifenden Schwingungen in eine andere Stimmung bringen. Ihre Palette von Hilfen bringt: Leichtigkeit, Erholung, gesunde körperliche Müdigkeit – es ist immer gut, in der Natur eine kurze Ruhezeit auch im körperlichen Schlaf zu verbringen – einen klaren Kopf, plötzliches Erkennen von Lösungen irgendwelcher Aufgaben, Auflösung von Kummer, Trauer, Abnahme oder gänzliche Auflösung von Schmerzen und dergleichen mehr. Diese Dinge können umgehend geschehen oder im Verlauf der nächsten Tage eintreten.

Nicht wollen und erwarten – geschehen lassen! Wenn wir genügend geübt darin sind oder wirklich in diese Energiefelder hineinspüren können, nehmen wir deutlich wahr, dass wir von den Naturgeistern Dynamik und Tatkraft für unser ganzheitliches Wesen erhalten. Das führt danach dazu, dass sich viele Dinge in mir selbst und auch um mich und in meinem Umfeld auf eine sehr positive Art verändern können. Menschen reagieren aufmerksamer auf mich, auch anspruchsvolle Gespräche fallen mir leichter. Lange gesuchte Ideen für Lösungen ergeben sich plötzlich. Oder wir verstehen und begreifen Dinge, die uns vorher nicht oder schwer zugänglich waren. All der wahrnehmbare Wandel geschieht durch das Öffnen verschlossener Kanäle.

Wir öffnen unsere Sinne für die Schönheiten der Natur, halten vermehrt inne und lassen uns Zeit, z. B. Pflanzen genauer zu betrachten, Düfte wahrzunehmen und zuzuordnen, feinen Klängen zu lauschen und staunen zu lernen. Wenn wir diese Kommunikation und noch besser das »Sehen« beherrschen, werden wir wieder zu den göttlich schöpferischen Wesen, die wir immer schon waren. Doch wir konnten dieses Bewusstsein kaum mehr wirklich für uns nutzen. Wir können jetzt wahrlich wieder mit den Geistern der Natur jederzeit zusammenarbeiten, sie rufen, wenn wir ihrer Hilfe bedürfen. Selbst habe ich erfahren, dass Baumgeister, als Beispiel, mir stets mit Rat und Tat zur Verfügung stehen, wenn ich ihnen mit Respekt und Achtung, in gegebener Demut begegne.

Öffnen Sie Ihre Augen für die Schönheiten der Natur. Ob Steinwesen, Baumwesen oder feingeistige Luftwesen. Die Welt wird eine andere sein, wenn wir uns ihnen öffnen.

NATURGEISTER UND DAS WESEN DER LIEBE

Immer wieder werde ich gefragt, ob es böse Naturgeister gibt. Dazu muss ich klar sagen: Geschichten von bösen oder wütenden Geistern sind genau genommen nichts weiter als Projektionen von uns Menschen. Es gibt sie nicht! Ich will hier deutlich darauf hinweisen, dass wir explizit von Naturgeistern sprechen. Geistwesen auf dieser Erde noch anwesender Menschen können diesbezüglich alle Arten von ausdrucksvollen Eigenschaften mitbringen. Das heißt, diese Seelen kann man oft als aggressiv, ja sogar böse erfahren. Naturgeister sind das jedoch nie.

Wenn wir den Naturwesen also mit Offenheit, Liebe und Respekt begegnen, nicht mit negativen Gedanken und Emotionen in einen Wald gehen, gibt es dem Resonanzprinzip entsprechend keine negativen, unangenehmen Erfahrungen oder Erlebnisse. Die Vorstellung, dass da etwas Böses ist, ist in Wirklichkeit unsere. Es gibt Orte, zu denen man vielleicht nicht gehen will, Orte, an denen man sich nicht wohlfühlt. Und obgleich dies in freier Natur sein kann, nimmt man da belastende Energie wahr. Dies hat in beinahe allen Fällen damit zu tun, dass wir z. B. auf einem ehemaligen Feld- oder Waldstück stehen, auf dem einst ein Krieg, eine Schlacht stattgefunden hat oder ein Ort, an dem ehemals eine Richtstätte war. Diese dunkle Energie wurde jedoch von Menschen geschaffen. Orte von strahlender Natur erfüllen Mensch und Tier immer mit einer großartigen Energie.

ÜBUNGEN

» ENERGIEFELDER ANWENDEN

Wir können unsere ganzheitliche Heilung von Körper und Geist nirgends so vollkommen erfahren und umsetzen wie in Zusammenarbeit mit den Kräften und Weisheiten von Naturgeistern. Hier entstehen garantiert keine unerwünschten Nebenwirkungen. Nun, es geht ja hier nicht zuerst um Fitness. Wir wollen ja diese wunderbare, einmalige Dichte unserer real existierenden Zwischenwelt erfahren und schließlich erkunden. Dazu wird ebenso unser physischer Körper miteinbezogen, denn ganzheitlich heißt: der Mensch in seiner Gesamtheit. Vom Wissen und der Weisheit dieser geistigen Energie, die in allem, was lebt und existiert, lernen. In diese unendliche »Bibliothek« eintreten. All dies steht dem Menschen uneingeschränkt zur Verfügung. Doch unsere Ausrichtung ist technisch materiell geprägt und unser Glaube in weiten Teilen nur noch wenig greifbar.

Wenn Sie jedoch einmal nur für einen kurzen Moment einen Einblick in diese bislang verborgene Lieblichkeit und Augenweide erhalten, werden Sie nie mehr davon ablassen, noch tiefer in diese fantastische, von reiner Liebe geprägte »Welt« einzutauchen. Das Wertvollste dabei war für mich, endlich den wahren Sinn des Lebens zu erkennen. Dies hat den wunderschönen Nebeneffekt, dass wir auch Angst in jeder Form verlieren, ja dieser negativen Kraft in keiner Ebene mehr Raum geben. Denn was der forschende Mensch überall, auch im Weltall, an weiteren Intelligenzen und anderen Lebensformen sucht, ist rundum vorhanden. In reiner Liebe und tragendem Entgegenkommen. Und wir erkennen es nicht!

Unsere fünf Sinne bilden einen uneingeschränkten Zugang zur Wahrnehmung. Wenn einer dieser Sinneskanäle eingeschränkt ist oder sogar völlig geschlossen, so leidet natürlich auch die entsprechende Wahrnehmung. Häufig nehmen wir dies nicht unbedingt wahr. Unsere anderen Sinne sind unter Umständen stärker ausgeprägt, weil wir sie meist häufiger nutzen. Da wir uns mit unseren physischen Augen weitgehend »orientieren«, brauchen wir z.B. unser Gehör oder den Tastsinn praktisch nur oberflächlich. Für einen blinden Menschen sind diese Sinne wiederum sehr wichtig. Die Tatsache ist ja die, dass wir wohl alle Sinne besitzen, aber nicht alle gleich stark oder manche sogar gar nicht einsetzen. So können wir einen Bezug zur existenten Welt unserer Naturgeister erkennen.

Im Spiel des Feuers sehen wir zahlreiche Geister aufblitzen. Lodernd und voller Energie fordern sie uns zum Tanz auf. Lassen wir uns von ihrer Kraft und Energie anstecken!

Einen besonderen Nebeneffekt bringt meine Arbeit an mir und meinem Schwingungsfeld zusätzlich: Wir beginnen, unserer Natur mit viel mehr Achtung und Respekt zu begegnen. Dadurch erhöhen wir unsere positive Ausstrahlung auf alle Wesenheiten. Ich durfte dies selbst erfahren – und heute ist es Alltag –, dass auch Tiere auf meine Ausstrahlung, meine verstärkt gebildete Aura bewusst reagieren. Dies geht so weit, dass ich im Wald, als Beispiel, Rehen begegnen kann, und siehe da: Sie bleiben ruhig stehen, beobachten einfach und lassen mich – natürlich auf eine gewisse Distanz von ein paar Metern – an ihnen vorbeiwandern.

Wir sind als Menschen eigentlich vollständig ausgerüstet, um in diese Zwischenwelten hineinzuschauen, haben jedoch irgendwann durch uns selbst prägende Gegebenheiten unsere dazu benötigten Kanäle verschlossen. Diese gilt es nun wieder ganz bewusst zu öffnen. Und nichts steht uns dabei im Weg. Üben und Erfolg haben!

Das Wichtigste ist wohl – das wissen Sie schon – eine absolute Disziplin. Wenn man etwas bewirken will, reicht es nicht, ab und zu ein wenig zu üben. Nachfolgend finden Sie einige Übungen, wie ich sie in meinen Waldseminaren und Kursen auch immer wieder zeige. Die Aufstellung ist so angeordnet, dass Sie Schritt für Schritt zu Ihrem eigenen »Sehen« geführt werden. Es gilt dabei zu beachten, dass man immer »im Kleinen« beginnen soll.

» IM SEIN ERGRÜNDEN

Wir stellen uns möglichst aufrecht hin. Die Füße sind nackt. Sie achten nun bewusst auf das Gefühl in Ihren Fußsohlen. Atmen Sie langsam ein und aus – spüren Sie das Fließen des Atems. Blicken Sie nun langsam um sich: Was ist da? Alles, was Sie jetzt erkennen oder sehen können, betrachten Sie mit einem offenen, weichen Blick. Lassen Sie dabei Ihre Gedanken weg – kein Analysieren. Spüren Sie das Sein und die Stille, die allmählich Ihr Inneres erfassen. Richten Sie Ihren Blick niemals auf ein konkretes Ziel.

Lernen: einfach im Sein beobachten und im Sein verharren, eintauchen.

» FORMEN UND FARBEN WAHRNEHMEN

Dazu legen wir uns auf den Boden. Der geeignetste Ort ist im Wald oder im Garten unter einem Baum. Mit offenen Augen betrachten Sie jetzt die über Ihnen ausladend vorhandene Krone. Nehmen Sie zwei bis drei Minuten bewusst die Konturen der Baumkrone auf – nur auf die Formen

konzentrieren. Schließen Sie die Augen und erkennen Sie dasselbe Bild vor Ihrem geistigen Auge.
Öffnen Sie die Augen wieder und betrachten Sie nun zwei bis drei Minuten die vorhandenen Farben in der Baumkrone – nur auf die Farben konzentrieren. Schließen Sie die Augen wieder und sehen Sie das Bild der Farben vor Ihrem geistigen Auge. Öffnen Sie die Augen wieder und betrachten Sie nun die Formen und Farben zwei bis drei Minuten – das Bild in sich bewusst aufnehmen. Schließen Sie wieder die Augen und »sehen« Sie das kombinierte Bild konkret vor Ihrem geistigen Auge.

Lernen: Die materielle Welt von Formen und Farben im geistigen Bild stärken, verinnerlichen, »sehen«.

LICHT UND SCHATTEN WAHRNEHMEN

Dazu legen wir uns auf den Boden. Der geeignetste Ort ist in einem dichteren Wald oder im üppigen Garten unter Bäumen. Mit offenen Augen betrachten Sie jetzt die über Ihnen herrschende Lichtenergie, die durch die Baumkronen oder allenfalls die großen Gartensträucher dringt. Nehmen Sie zwei bis drei Minuten bewusst dieses einfallende Licht in sich auf – nur auf das Licht konzentrieren. Schließen Sie die Augen und erkennen Sie dasselbe Bild vor Ihrem geistigen Auge. Öffnen Sie die Augen wieder und betrachten Sie nun zwei bis drei Minuten die vorhandenen, erkennbaren Schatten im gleichen Raum – nur auf die Schatten konzentrieren. Schließen Sie die Augen wieder und sehen Sie dieses Bild vor Ihrem geistigen Auge. Öffnen Sie die Augen wieder und betrachten Sie nun das Wechselspiel von Licht und Schatten zwei bis drei Minuten – das Bild bewusst in sich aufnehmen. Schließen Sie wieder die Augen und »sehen« Sie das kombinierte Bild konkret vor Ihrem geistigen Auge. Tipp: Zu unterschiedlichen Tageszeiten ausführen!

Lernen: Die konkreten Nuancen von Licht und Schatten in ihrer Vielfalt kennenlernen. Stimmungen von Licht und Schatten im Tageslauf unserer Natur erkennen. Aufmerksam werden auf subtile Veränderungen der Lichtverhältnisse. Oft zeigen sich Wesen in diesem »Lichtspiel«. Im Laufe der Tageszeiten ändern sich auch die Farben.

» GEGENSTÄNDE ERFÜHLEN UND ERKENNEN

Sie setzen sich auf dem Boden in der Natur. Egal, welche Umgebung Sie auswählen. Kurz in die Stille eintauchen, danach schließen Sie Ihre Augen. Nun beginnen Sie zu spüren: zuerst wie sich das unter Ihrem Körper anfühlt. Was es ist, aus welchen Materialien oder Substanzen die Unterlage besteht. Lassen Sie sich Zeit, das Wichtigste bei allen Übungen. Augen geschlossen halten. Jetzt beginnen Sie mit der rechten Hand die Umgebung abzutasten. Alle greifbaren Dinge nehmen Sie bewusst mit den Fingern abtastend wahr, ergreifen einen Gegenstand und ordnen dieses Teil dem zu, was Sie zu »erkennen« glauben. Ihre Hand »geht« so allmählich über den ganzen von Ihnen erreichbaren Erdboden. Danach führen Sie dasselbe mit der linken Hand zu ihrer linken Seite genauso aus.

Lernen: Wie fühlen sich Materialien der Natur an. Wärme, Kälte, Schwingung, Form, Prägung, Gehalt, Feuchtigkeit usw.

» DEN BODEN, DIE ERDE BEWUSST AUFNEHMEN

Hier können Sie eine kombinierte Übung ausführen. Den Boden, die Beschaffenheit ergründen, nur auf der Oberfläche, ist im langsamen Gehen, im Sitzen und Verweilen oder während Sie ausgestreckt liegen sinnvoll. Erste Übung im Gehen: Nackte Füße sind immer von Vorteil. Schreiten Sie sehr langsam, Schritt für Schritt über die Erde. Egal, wo Sie sich in der Natur aufhalten. Am besten schließen Sie die Augen. Über die Fußsohlen die Steine, Pflanzen, Moos, Gartenerde oder die Wiese klar spüren. Erfühlen Sie den Wechsel der Bodenbeschaffenheit. Gelände mit den Füssen erfahren – Senkung, Erhöhung, Vertiefung. Die Wesenheit erspüren: Wurzeln, Dellen, Blätter, Baumnadeln, Steine, Platten usw. Die Art erspüren: Wärme, Kälte, Feuchtigkeit, Nässe, Trockenheit.

Zweite Übung im Sitzen: Übungen nie in enger, beklemmender Kleidung (z. B. Gürtel) durchführen. Ich lasse es Ihnen völlig frei, aber auch hier gilt: Sich mit dem nackten oder nur leicht bekleideten Körper einzufühlen, bringt einen realen Gewinn. Materialien erfühlen, auf denen mein Körper sitzt. Erspüren von der empfangenen Schwingung am

Platz. Stellt sich ein Wohlgefühl oder ein Unwohlsein ein? In die Erde hineinspüren, sich eine bewusste Vorstellung machen von dem, was da unter mir ist. Dies kann auch mehrere Meter tief sein. Mit geschlossenen Augen aufnehmen und hineinspüren, sich geben lassen. Die Art erspüren: Wärme, Kälte, Feuchtigkeit, Nässe, Trockenheit.

Verbinden Sie sich nun mit diesem Stück Erde, gehen Sie in Schwingungsresonanz: Erspüren Sie nun mögliche Schwingungsfelder, um Ihren Körper wahrzunehmen. Atmen Sie nun ganz ruhig und gleichmäßig bewusst in diese Schwingung der Erde. Spüren Sie, wie der Platz, an dem Sie sitzen, mit Ihnen zu atmen beginnt. Verbinden Sie sich mehr und mehr mit dieser aufkommenden Schwingung. Empfinden Sie Freude, Freiheit und Geborgenheit an Ihrem Platz. Bleiben Sie, solange es Ihnen sinnvoll erscheint und behagt, aber mindestens 15 Minuten.

Dritte Übung im Liegen: auch hier Kleidung wie bei Übung zwei. Materialien erfühlen, auf denen mein Körper liegt. Ob Sie eine Zeit auf dem Rücken liegen oder auf dem Bauch, überlasse ich Ihnen. Sinnvoll ist natürlich beides in gleich langer Dauer. Erspüren von Wohlbefinden oder Unwohlsein durch die empfangene Schwingung am Platz. Sollte der Platz für Sie energetisch unangenehm sein, wechseln Sie an einen

Wenn wir wirklich »sehen« lernen, erkennen wir die Allgegenwärtigkeit der Pflanzengeister. Der Wald ist nicht einfach nur Wald, sondern zeigt sich uns in seiner allumfassenden Wesenheit.

neuen Ort. In die Erde hineinspüren, eine bewusste Vorstellung davon entwickeln, was unter mir ist.

Mit geschlossenen Augen rundum aufnehmen und hineinspüren, sich geben lassen. Die Art erspüren: Wärme, Kälte, Feuchtigkeit, Nässe, Trockenheit. Verbinden Sie sich nun mit diesem Stück Erde, gehen Sie in Schwingungsresonanz. Erspüren Sie nun mögliche Schwingungsfelder, um Ihren Körper wahrzunehmen. Atmen Sie nun ganz ruhig und gleichmäßig bewusst in diese Schwingung der Erde. Nehmen Sie die Düfte oder Gerüche, die hier vorhanden sind, nachhaltig war. Spüren Sie, wie der Platz, an dem Sie liegen, mit Ihnen zu atmen beginnt. Verbinden Sie sich mehr und mehr mit dieser aufkommenden Schwingung. Empfinden Sie Freude, Freiheit und Geborgenheit an Ihrem Platz. Geben Sie allfällige Schmerzen, Leiden des Körpers, bewusst an die Erde ab. Spüren Sie, wie die Erde alles liebevoll aufnimmt, was Sie abfließen lassen. Bleiben Sie, solange es Ihnen sinnvoll erscheint und behagt, aber mindestens 20 Minuten.

Lernen: Erdboden wahrnehmen, Schwingungen erkennen, mit dem physischen Köper und der Kraft unserer Erde verbinden. Abgeben von negativer Energie.

» NAHRUNG AUFNEHMEN OHNE DIE PHYSISCHEN AUGEN

Eine besondere Übung ist das Essen, ohne zuvor mit den Augen schon »gegessen« zu haben. Hier richten wir unsere Sinne rein auf das »Erschmecken« der Nahrung. Wir haben die Gewohnheit, unser Essen auf dem Teller mit den Augen ein erstes Mal zu »kosten«. Sieht etwas unappetitlich aus, schließen wir schon darauf, dass es schlecht schmeckt oder sogar ungenießbar ist. Kosten wir davon, sind wir dann in der zweiten Phase angenehm überrascht von dem Geschmack oder der Qualität der uns vorgesetzten Speisen. Mit dieser Übung lassen wir uns einmal nur von den Fingern, der Nase, dem Mund, der Zunge und dem Gaumen führen. Es darf auch ein Getränk sein.

Schließen Sie Ihre Augen. Lassen Sie sich von einer vertrauten Person ein Ihnen unbekanntes Menü vor sich hinstellen. Nehmen Sie nun stückweise von dem Essen. Riechen, schmecken, anfühlen – wenn möglich erkennen und Rückmeldung an die Person geben, die Sie bedient hat.

Lernen: Geschmackliche Wahrnehmungsfähigkeit erfahren – ohne Augen werten.

» UNSEREN GEHÖRSINN SCHÄRFEN

Für diese Übung empfehle ich Ihnen ein weites, freies Feld oder einen Wald. Zum weiteren Üben eignet sich danach auch ein Bächlein, ein Fluss oder ein Seeufer. Suchen Sie einen geeigneten Platz und setzen Sie sich hin. Nehmen Sie eine entspannte Haltung ein und atmen Sie langsam ein und aus. Dem Atemfluss einen Moment bewusst folgen, die innere Ruhe erspüren. Nun beginnen Sie zu lauschen, ohne Erwartungen oder Aussichten auf spezielle Geräusche. Zuerst auf die unangenehm hörbaren Geräusche wie Umweltlärm von Flugzeugen, Maschinen oder Arbeitsgeräten achten, die eventuell auch von weit entfernt hörbar sind. Diese langsam ausblenden und den angenehmen Geräuschen Aufmerksamkeit schenken. Vogelstimmen, Klopfgeräusche vom Specht, das Summen von Bienen, Wespen, das Zirpen von Grillen, Quaken von Fröschen, Rufe von Kröten und anderes.

Tiefer in die Geräuschkulisse eintauchen und nun die feinsten Schwingungen von allen vorhandenen Klangquellen erlauschen. Kleine Tiere im trockenen Laub, Vögel auf der Suche nach Nahrung. Es kann auch ganz sanftes Blätterrascheln im Wind sein. Summen von Dutzenden Insekten. Interessant wird die Übung, wenn man mit der Zeit all die Geräusche dem Verursacher zuordnen kann. Führen Sie diese Übung einmal in der Dunkelheit z. B. im Wald aus. Sie werden staunen, wie viele Geräusche auch in der Nacht wahrzunehmen sind. Keine Angst – Naturgeister haben mir noch nie etwas Schlechtes getan!

Lernen: Geräusche wahrnehmen, erkennen, zuordnen können, hellhörig werden. Die Aussage eines Farbtons erkennen, Intensität und evtl. Quelle eines Klanges feststellen, zuordnen lernen. Klänge sind eine der »Wurzeln« von Information in der Natur.

DEN PHYSISCHEN KÖRPER SPÜREN: GEIST ERFAHREN

Dies ist eine kurze, ergänzende Übung zur Bewusstheit unseres physischen sowie geistigen Körpers. Legen Sie sich in der Stille der Natur ausgestreckt in Rückenlage hin. Schaffen Sie mit gezielten Atemübungen innere und äußere Entspannung. Tasten Sie den eigenen Körper Stück für Stück gedanklich ab. Schließen Sie eventuelles »Unwohlsein« gezielt ab, indem Sie dies bewusst zur Erde abfließen lassen.

Alle folgenden Muskelanspannungen sollten mindestens eine halbe Minute angehalten werden. Füße wahrnehmen – Muskeln anspannen, einen Moment halten – entspannen. Beine wahrnehmen – Muskeln anspannen, einen Moment halten – entspannen. Nun analog das Becken, das Gesäß und den Brustkorb. Danach Hände und Arme zusammen anspannen – eine Faust bilden. Nun Hals und Kopf. Den ganzen Körper still, entspannt liegen lassen und wieder dem Atem folgen. Achten Sie jetzt darauf, dass Ihr Körper wirklich unbeweglich liegt. Machen Sie sich nun bewusst, dass dies Ihr irdisches Fahr- und Werkzeug darstellt.

Hier können Sie nun einen ersten Schritt in die »Welt« der Naturgeister machen. Werden Sie sich unbeirrbar bewusst, dass Sie nicht dieser materielle Körper sind, sondern reiner Geist. Lassen Sie sich in dem Moment in der völligen Entspannung gehen. Keine Gedanken, kein physischer Körper, keine materielle Schwere, einfach abtauchen und sein. Schenken Sie Ihrem Körper keine Beachtung, auch wenn dieser einschläft. Denn in diesem Augenblick ist nur Ihr ganzheitliches Bewusstsein wichtig. Einfach gehen lassen! Staunen Sie nicht, wenn Sie sich plötzlich in einer ganz anderen Schwingung, einer anderen Ebene wiederfinden. Die Naturgeister haben Sie freundlich zu einem Besuch in ihr Reich eingeladen – folgen Sie doch dieser Einladung!

Lernen: Den physischen Körper gehen lassen. Zwischen Materie und Geist auswählen: In welcher Ebene will ich mich bewegen? Die Ausrichtung des Körpers beachten. In der Regel schaut man nach Osten, zum aufgehenden Licht, orientiert sich am Lauf der Sonne. Jede Richtung hat ihre eigene Kraft. Erspüren lernen. Gedanken gehen lassen. Lernen, im eigenen Sein zu sein – eben wie ein Baum.

RICHTIG BEOBACHTEN UND »SEHEN«

Das richtige Beobachten, Wahrnehmen und aufmerksam sein sind wohl die schwierigsten Anforderungen an den modernen Menschen. Wir sind nicht mehr gewohnt, einer Sache Zeit und Raum zu geben. Das ist aber eine absolute Voraussetzung. Gehen Sie in der Natur bewusst spazieren. Wählen Sie einen Weg oder einen Ort, an dem Sie nicht ständig abgelenkt werden. Sie können überall hingehen: auf einen Feldweg, in einen Auenwald, an ein Gewässer, in die Berge oder einen Wald. Naturschutzgebiete eignen sich ganz speziell für einen Spaziergang.

Räumen Sie sich Zeit ein – keine Termine im Hintergrund. Dann bummeln Sie los. Wirklich nur langsam und immer wieder stehen bleiben. Beobachten Sie jedes Detail, auch etwas, das Sie »angeblich« schon kennen. Entdecken Sie kleinste Blumen unter großen Sträuchern und Insekten auf den Blumen. Die speziellen Formen und Windungen von Buschwerken aller Art. Sprechen Sie ruhig einmal zu den Blumen, Sträuchern, Bäumen.

Nehmen sie sich Zeit, immer wieder stillzustehen, einfach einen Moment zu sein. Nehmen Sie bewusst die Schwingung wahr, an jenem Ort, an dem Sie gerade verweilen. Versuchen Sie, immer tiefer mit Ihrem Schwingungsfeld in die Natur einzudringen. Geben Sie dazu Ihren Willen ab, lösen Sie sich von Gedanken, lassen Sie sich führen: einfach gehen ohne Ziel. Erkennen Sie, wie Ihre Wahrnehmungen stetig vielfältiger werden. Geben Sie Ihren physischen Augen immer weniger Raum – ähnlich dem Gefühl der Müdigkeit am Tag, wenn man gegen den körperlichen Schlaf ankämpft. Öffnen Sie mehr und mehr bewusst Ihr »drittes Auge«. Stehen Sie sich selbst nicht im Weg – lassen Sie einfach gesche-

Durch Übung können wir in die Welt der Naturgeister eintreten. Sie laden uns gerne zu einem Besuch in ihr Reich ein.

hen. Wenn Ihnen danach ist, setzen Sie Ihren Körper an einem Platz hin. Nehmen Sie plötzlich eine Ihnen bisher unbekannte Seins-Ebene war. Es lohnt sich!

Lernen: Sich seiner eigenen Schöpferkraft bewusst sein. Die unbeschreiblich vielfältige, mit Wundern erfüllte Welt um uns herum erkennen und »sehen«. Eine andere Dimension von Leben und Sein entdecken. In sich selbst frei werden.

» OHNE PHYSISCHE AUGEN LAUFEN LERNEN

Wir »normal« ausgerüsteten Menschen dürfen durch unser Augenlicht die materielle Welt erkennen und sehen. Blinde Menschen haben diese Gaben durch ihre anderen Sinne weitgehend kompensiert. Diese Sinne sind bei uns meist verkümmert. Deswegen üben wir unsere Wahrnehmung mit geschlossenen Augen. Wir achten darauf, dass wir in der Natur einen geeigneten Platz finden, wo wir ohne Gefahr ein Stück weit mit geschlossenen Augen gehen können.

Stecken Sie sich eine gerade Linie von etwa 20 bis 25 Metern ab. Es ist von Vorteil, diese Übung zu zweit auszuführen. Die zweite Person bleibt am Ende der Strecke stehen und kann Ihnen mitteilen, wenn Sie den Weg abgeschritten haben. Sind Sie alleine, spannen Sie am Ende Ihrer Strecke ein einfaches Band einige Meter breit. Stellen Sie sich an den Anfang der Strecke und konzentrieren Sie sich.

Starten Sie nun mit nackten Füßen und geschlossenen Augen ganz gelassen. Sehr bewusst und langsam Schritt für Schritt vorwärtsgehen – den Boden spüren. Nehmen Sie möglichst jedes Detail wahr, das um Sie herum und unter den Füßen spürbar ist. Wenn Sie z.B. neben einem Baum vorbeigehen, müssten Sie seine Schwingung deutlich wahrnehmen und erkennen, dass da eine Wesenheit steht. Die wartende Person wird schweigend zusehen, auch wenn dies oft schwer ist. Denn wundern Sie sich nicht, wenn Sie eine völlig andere Linie gehen als geplant.

Auch in diesem Bereich müssen wir lernen, denn geradeaus gehen ist nicht einfach. Sie werden erfahren, dass Sie eine klare Tendenz haben, im Uhrzeigersinn zu gehen. Nun darf die andere Person dasselbe ausführen. Diese Übung ist auch interessant alleine, wenn Sie mit nackten Fü-

ßen auf einem befestigten Weg (Asphalt, Kies, Steinplatten usw.) gehen. Sie werden dann feststellen, wie weit Sie kommen, und wahrnehmen, dass Sie plötzlich neben den Weg z.B. in die Wiese treten. Sie können diese Übung noch »erschweren«, indem Sie in einem Wald eine Strecke zwischen den Bäumen ausstecken. So können Sie Ihre Sinne weiter schärfen.

Die Kraft der Bäume im Vorbeigehen spüren. Wenn wir uns einlassen, öffnen Baumgeister ihr Reich der Lebendigkeit für uns.

Lernen: Mit geschlossenen Augen »meine Welt« erkunden, fühlen, erfahren: Wesen und Gegenstände neben mir wahrnehmen. Schwingungsfelder erkennen.

» EINTAUCHEN IN DIE TIEFEN DER VERBORGENEN WELTEN

Diese Übung sollten Sie erst intensivieren, wenn Sie sich die vorhergehenden Fertigkeiten mehr oder weniger angeeignet haben. Das erleichtert Ihnen Ihre Arbeit und führt auch wirklich zu einem geplanten Ziel. Um diese Aufgabe auszuführen, ist es von großem Vorteil, einen kraftvollen, in sich geschlossenen Wald aufzusuchen.

Nicht vergessen: Die Naturgeister beim Eintreten in den Wald respektvoll begrüßen. Suchen Sie sich einen geeigneten starken Baum (nicht schwach, verletzt, krank oder abgestorben), der eine bedeutende Krone hat (nicht unterdrückt, unter größerem Baum stehend). Das sind wichtige Merkmale, die es hier zu beachten gilt. Wenn Sie dann noch das Glück haben, einen alten, weisen Baum zu finden, ist dies perfekt für Ihre anstehende Übung. Denn nun dürfen Sie Ihrem ganzheitlichen Bewusstsein einmal all das zurückgeben, was es wirklich ist: Schöpfergeist. Stellen Sie sich jetzt bequem und mit gutem Stand am Boden an den Baum. Sie können aufrecht stehen oder – was einfacher ist – an den Baum anlehnen – nicht sitzen.

Werden Sie sich deutlich bewusst, dass Sie jetzt in der Energie eines Weisen stehen, der diese Erde seit Jahrtausenden bewohnt. Andächtig, bescheiden werden. Schalten Sie jetzt Ihr Hirn ab – alle Gedanken müssen versiegen, sich auflösen. Alle körperlichen Sinne lasse ich einfach sein. Das heißt, ich lasse nun den ganzen physischen Körper in totale Entspannung und Ruhe gleiten.

Nun beginnen Sie, sich auf den Baum einzuschwingen, sein Energiefeld zu erspüren. In diesem Moment ist es vonnöten, alles außerhalb meines Körpers auszublenden. Sie werden jetzt mehr und mehr zur Einheit mit diesem fantastischen Wesen. Und nun lassen Sie all das geschehen, was da eben geschieht! Nichts, aber wirklich nichts ist abwegig, unmöglich oder entspringt meiner Fantasie. Dieser Bereich gehört nämlich jetzt in die »Märchenwelt« meines weltlich ausgerichteten Hirns. Hier drehen wir den »Spieß« einmal gründlich um.

Das, was Sie jetzt spüren und wahrnehmen, ist real – es geschieht in Ihrem Unterbewusstsein, und der Baumgeist öffnet Ihnen sein Reich. Sie haben nun zwei Möglichkeiten. Erstens: Sich in vollem Vertrauen und im Wissen um die unergründliche Macht der Naturgeister führen lassen und mehr und mehr in die Tiefen ihrer Zwischenwelt eintauchen. Zweitens: Sie können sich selbst nicht vertrauen, Ihrem kleinen Hirn glauben: Es wird die Erlebnisse als unmöglich bezeichnen und Ihrer Fantasie zuordnen. Wenn Sie Ihrem Hirn mehr Vertrauen schenken als der eben erst ein wenig erkannten Welt, brechen Sie alles ab. So oder so.

Gehen Sie nach Beenden Ihrer Arbeit am Baum nie weg, ohne zu danken. Es ist das Wichtigste und zeugt von großem Respekt, tiefer Achtung und angebrachter Demut gegenüber diesem hilfsbereiten Wesen und der ganzen Schöpfung allgemein. Für all diejenigen, die an sich und mit den Natur- und Baumgeistern weiterarbeiten, will ich hier erwähnen, dass Sie einem Erfolg viel näher stehen, als Sie sich je eingestehen würden. Denn wenn Sie einmal auf dem Weg sind, wird die unergründliche, unendliche Energie und Führung der Naturgeister dafür sorgen, dass Sie Ihr Ziel erreichen. Willkommen im grenzenlosen Reich der wirklichen Lebendigkeit!

Lernen: Mit der Zwischenwelt, dem Reich der Naturgeister in Kontakt treten. Ihre »Welten« besuchen und mit ihnen zusammenarbeiten. Dabei ganzheitlich heil sein, in Freude, Dankbarkeit und laufendem Lernen, diese Erde wirklich begreifen und Tausende von Wunder erfahren, erkennen, umsetzen.

Die Wesenheiten dieser Erde versammeln sich gerne an Orten, die ihnen gefallen. Zum Beispiel in einem Naturgarten im Wald. Beobachten Sie beim nächsten Spaziergang die Umgebung. Vielleicht entdecken Sie einen Garten der Naturgeister!

ABSCHLUSSGEDANKEN

DAS PUZZLE ZUSAMMENFÜGEN

Durch die menschliche »Brille« haben Sie jetzt festgestellt, dass wir unsere Natur in ihrem Wirken und Sein nicht erkennen können. Für mich ist der Umstand sehr interessant, dass ich immer wieder aus der Sicht von Menschen geprägte Artikel finden kann: In Büchern, Zeitschriften, als Forschungsbericht oder auch in mündlichen Aussagen über die Natur wird da menschliches Wissen vermittelt.

Als Beispiel unsere Bäume: Forschungen zufolge empfinden sie Schmerzen, haben ein Gedächtnis, einen Geschmackssinn! Ein Unding sondergleichen. Baumgeister zeigen mir klar und deutlich eine ganz andere Ebene von Verstehen. Denn sie sind ja nicht wie ein Mensch hier auf der materiellen Ebene am Lernen. Also müssen sie auch keine derartigen Erfahrungen machen, kommunizieren aber in uns bislang verborgenen Systemen.

Was sie ausführen, z.B. bei Verletzungen der Rinde, ist ein auf elektrischer Basis funktionierendes Signal der »Schadstelle« an die Wesenheit, die sie sind. Diese, also der Baumgeist selbst, reagiert darauf. Die Reaktionen können vielfältig sein. Der Baum braucht kein Gedächtnis, da er genauso wie unser Körper von Impulsen materieller Art sowie von unserem Geist informiert wird. Dies geschieht in allen anderen Bereichen identisch. Der Mensch kann leider (noch) nicht begreifen, dass ihm eine scheinbar einfache Pflanze in vielem gleich ist. Ein wichtiger Schritt, uns endlich einmal intensiv mit den Naturgeistern zu befassen!

Schon allein die Wertung, die wir in diesem Sach- und Fachgebiet ausüben, wird unserer Natur und den Naturgeistern in keiner Art und Weise gerecht. Da spricht man von Unkraut, schädlichen Pflanzen, Giftpflanzen und nützlichen oder nutzlosen, guten und schlechten Pflanzen. Darin enthalten sind auch Bäume und Sträucher. Dass eine Pflanze, die dem Menschen irgendwo begegnet, für ihn sehr wohltuend und wertvoll ist, wissen die wenigsten Menschen, wenn man mit ihnen darüber spricht. Giftige, schädliche Pflanzen jedoch sind offensichtlich in ihrem Denken sehr präsent. Dies zeigt, dass wir ein sehr »gespaltenes« Verhältnis zu unserer Natur haben. Hier sprechen wir schon gar nicht von all den Lebewesen, die dieser »Kette« folgen und nur dank der Natur- und Pflanzengeister existent sein können. In dem Bereich wird die – vom Menschen gemachte – Einteilung noch viel erbarmungsloser. Ein Grund, weswegen bereits viele Arten von Tieren ausgerottet wurden.

Naturgeister sind überall auf der Erde gegenwärtig. In Wäldern, auf Gletschern, in der Wüste oder im Gebirge.

Der Mensch hat eine Welt geschaffen – dies seit Jahrhunderten –, in der es Herrscher und Beherrschte gibt, Unterdrücker und Unterdrückte zuhauf vorhanden sind. Aus dieser Sicht der »Schwarz-Weiß-Malerei« kann sich eine Welt der Toleranz und Liebe nicht entfalten. Und genau diese dunkle Art findet man in der Welt der Naturgeister nirgends. Es gibt nur eine einzige Einheit, Zusammenarbeit und ganzheitliche Entwicklung. Dem anzufügen ist, dass auf dieser Erde eine militärische, auf Gewalt eingestellte Spezies stets daran arbeitet, eine noch effizientere Vernichtung des Menschen und dieser Schöpfung zu erreichen. Gemäß den Aussagen der Naturgeister sind diese Seelen völlig vom Geist der Schöpfung abgetrennt.

Die Naturgeister haben eine Welt geschaffen, in der alle Arten von Leben in allen Bereichen der Erde möglich sind. Ob üppige Wälder, offene Steppen, karge Landschaften, gebirgige, schneereiche Flächen, Wüsten – auch ein vom Menschen erfundener Ausdruck, Gletscher, Berge oder Sümpfe: Sie sind überall »zu Hause«.

In all den bislang erfolgten Forschungen hat man immerhin einen kleinen Teil davon schon entdecken dürfen. Forscher werden auf der ganzen Erde auch intensiv weiterarbeiten. Das ist gut so. Und mit Belegen, Beweisen wird uns immer wieder ein Teil eines riesigen Puzzles näher gebracht. Begebenheiten, von denen wir »Sehenden« seit Hunderten von Jahren schon sprechen und die wir direkt erfahren haben.

DIE BESEELTE ERDE

In der unendlichen Vielfalt unserer von Naturwesen beseelten Erde haben wir Menschen einen insgesamt sehr bescheidenen Einblick in das Zusammenwirken der in Einheit und gegenseitiger Hilfe arbeitenden Naturgeister. Wenn ich draußen z.B. in einem Wald auf dem Boden sitzend verweile, erkenne ich in kürzester Zeit eine unbeschreibliche Vielfalt von Leben auf und über dem Waldboden um mich herum. Es ist, als würde eine sich stets bewegende Schicht ähnlich dem im Wind sich kräuselnden Wasser auf einem Weiher über diesen Boden schwingen. Und da dem ja auch in Wirklichkeit so ist, erkennen wir hier ein erstes wichtiges, dem »normalen« Menschen völlig verborgenes Energie- und Schwingungsfeld. Dies selbst zu »sehen«, will ich Sie herzlich einladen.

Nachfolgend, so habe ich ja auch beschrieben, leben von der durch die Naturgeister geschaffenen Grundbasis Millionen weitere Lebewesen. Damit erfahren wir auch hier eine uns weitgehend unbekannte Welt, die ihre eigenen Gesetze geschaffen hat. Wenigstens einen kleinen Teil dürfen wir entdecken. Falls wir willens sind, durch eigene Erkundungen, Wunder über Wunder staunend näher kennenzulernen. Ist es nicht fantastisch, dass alleine in unserer Insektenwelt, durch Kommunikation der Pflanzen einerseits und Verständigung der Insekten andererseits, eine hoch entwickelte, intelligente Lebensform von Miteinander entstanden ist?

Anders als bei uns sind z.B. Käfer für die Pflanzen keine Schädlinge, auch wenn sie deren Blätter fressen. Denn Pflanzen können durch ihre »Techniken« Signale aussenden, sodass andere Arten angelockt werden, die diese Käfer dann fressen und so wieder auf oder bei der Pflanze einen natürlichen Ausgleich schaffen. Innerhalb der Natur- und Pflanzengeister funktioniert dieser Ausgleich schaffende Zyklus seit Hunderttausenden von Jahren. Es gibt immer und in allen Bereichen schlussendlich ein Miteinander.

Für den Menschen ist dies nicht einfach erkenn- und erklärbar. Er ist jetzt dabei, auch die Insektenwelt negativ zu verändern, ja unglaublich zu dezimieren. Dies wird im Nachgang natürlich eine ganz andere Ebene von Lebensgemeinschaft ergeben. Was mir die Naturwesen dabei erzählen, ist nicht besonders erfreulich: Die gesamte »Kette«, die in Tausenden von

Jahren aufgebaut wurde und bislang mustergültig positiv zusammengewirkt hat, wird durch einen oder mehrere Unterbrechungen in dieser Kette direkt zum Ende der Produktion von lebenswichtiger Nahrung aus unserer Natur führen. Das heißt, der Mensch wird in Zukunft durch die unersetzlichen Früchte der Erde nicht mehr genügend versorgt. In der Folge kommen die lebenswichtigen Informationen der Naturgeister noch spärlicher zu den Menschen. Informationen, die unser physischer Körper dringend benötigt. Ein weiterer Fortschritt – noch weiter entfernt von unserer Grundvoraussetzung zu einem glücklichen, gesunden Leben. Da bieten unsere künstlich hergestellten Nahrungsmittel kaum Ersatz.

DEN FREIEN WILLEN POSITIV NUTZEN

In diesen umfassenden Bereichen unserer Schöpfung wird es immer – auch ohne den Menschen – eine in sich funktionierende Natur geben. Der Mensch von heute glaubt, dass wir mit noch mehr und neuerer Technologie diesen klar anstehenden und von uns selbst geschaffenen Problemen wirksam begegnen können. Doch da irrt er gewaltig – in allen Bereichen.

Es ist so: Wir müssen nicht zurück zur Natur. Nein, wir müssten gemeinsam mit den Naturwesen vorwärts zu unserer uns gegebenen Intelligenz schreiten. Denn momentan schafft sich der Mensch täglich mehr Probleme, als er zu lösen vermag. Wir müssten viel mehr von dieser Intelligenz übernehmen, als Menschen selbst anwenden. In diesem Bereich wirklich intensiv forschen und die Lebensweise unserer Naturgeister kopieren. Das muss unser manifestes Ziel sein. Dies wird die Zukunft klar zeigen. Denn wer glaubt, mit weiteren von den Menschen geschaffenen Maschinen, gentechnisch manipulierten Pflanzen und Lebewesen aller Art unsere Zukunft sinnvoll zu verbessern, hat ein Problem. Der Mensch ist nicht in der Lage, ohne die Natur zu leben. Will er sich das nicht eingestehen, wird dies den Menschen weiter in sein Elend führen.

Das ist wahrlich ein Grund, traurig zu werden. An Hilfsbereitschaft und der aus reiner Liebe kommenden Unterstützung unserer Naturgeister fehlt es nicht. Dies ist die Seite der Freude und des Vertrauens. Wie lange der Mensch diese ihm weit überlegene Weisheit und Intelligenz noch ignorieren will, das ist seinem freien Willen überlassen. Und den hat er. Nutzen wir ihn im Positiven!

REGISTER

A

Aura 44, 48, 51, 84, 87, 123

B

Baumwesen 44, 48
Belastung 60 f., 63
Bestimmung 20 ff., 73
Bewusstsein 8 f., 24, 59, 73, 77 f., 117 f., 121, 130, 134
Bibliothek 20, 65, 89, 122

C

Co_2 62 f.

D

Dankbarkeit 79, 105 ff., 135
Devas 84 ff.
Dimension 9, 31, 45, 68, 75, 115, 118, 132

E

Eile 8, 79
Einklang 16, 21, 59, 78, 90 f., 106, 119
Erdenbewohner 24, 49, 91
Erdgeist 82
Evolutionstheorie 10
Existenz 63, 65 f., 77, 80, 91, 93, 95, 115, 120

F

Freude 40, 44, 55, 74, 84, 112, 119, 127 f., 135, 138
Füllstoffe 40

G

Gast 5, 8, 38, 43, 59, 68, 72, 86, 105, 115
Gedankenkraft 66, 68
Gefangen 23, 26
Geheimnis 8, 45, 73, 100, 118
Geistkörper 12, 22, 40, 85, 115, 117
Geistwelt 10, 12, 73, 78
Geld 14, 59
Geldgier 41
Geschöpf 13, 113
Gesellschaft 10, 13, 94, 109
Glaube 4, 35
Gott 10, 26, 99

H

Harmonie 16, 25, 40, 59
Heilkraft 5, 104, 112
Heilung 5, 24, 40, 82, 91, 98, 106, 112 f., 122
Himmel 44, 54 f., 99

I

Informationsträger 25, 40
Irrweg 10, 33

J

Jenseits 9, 36

K

Klima 30, 48, 62
Konsum 14, 62
Kraftfeld 109
Kraftort 97
Krankheiten 5, 13, 40, 109
Kreislauf 8, 48, 90
Kultur 8 f., 20, 44, 70, 94, 98, 114

L
Lebendigkeit 22, 37, 59, 61, 135
Lichtenergie 118 f., 125
Lichtwesen 75, 116
Luftverschmutzung 48

M
Macht 33, 40, 69, 77, 134
Magnetfeld 30, 62
Märchen 4, 45, 50 f., 70, 80, 96, 114
Märchenwelt 69, 134
Materialismus 12, 14
Mysterium 48, 69

P
Paradies 5
Pflanzenwelt 16, 18, 84, 105
Plastik 43, 63

Q
Quelle 50, 77, 79, 100

R
Reinkarnation 9
Respekt 49, 69, 70, 107, 113, 121, 123, 134

S
Schöpfergeist 37, 70, 74, 134
Schöpferkraft 25, 66, 68, 74 f., 77, 86, 90, 113, 132
Schwingungsfeld 20, 49, 79, 80, 87 f., 116, 123, 131, 138
Seele 8 f., 12 f., 22 f., 52, 74, 78, 94, 116
Steingeist 108
Strom 18, 62, 83

T
Tanz 55, 82, 844, 103
Tierwelt 33, 62
Tod 8 f., 13, 48, 80, 85

U
Urahnen 69, 115
Urbewohner 30
Urkraft 40, 68
Urwissen 30 f.

W
Wandel 24, 62, 64 f.
Wasserwesen 50 f.
Wegweiser 93 f., 103
Weisheit 13, 22 f., 25, 35, 37, 43, 46, 48 f., 52, 57, 63, 65, 68, 70, 73, 84, 89, 97, 113 f., 118, 122, 139
Weltall 10, 123
Wesenheit 21, 30, 52, 58, 80, 90, 99, 114 126, 132, 136
Wüste 41, 96
Wunder 5, 20, 30, 32 ff., 87, 118, 132, 135, 138
Wurzel 12, 23, 32, 85, 104, 126

Z
Zuneigung 25, 58, 109
Zwischenwelt 39, 66, 68, 80, 84, 107, 114 ff., 22, 134 f.

ÜBER DEN AUTOR

SAM HESS ist Mystiker und arbeitet als Heiler und Berater im rein geistigen Bereich. Er wurde 1951 in eine Försterfamilie in einem Schweizer Bergdorf hineingeboren. Während seiner Kindheit hatte er zahlreiche Begegnungen mit Geistwesen. Glücklicherweise war er von Menschen in seiner Familie umgeben, denen er sich anvertrauen konnte und die Verständnis für seine besondere Veranlagung und Gabe der Hellsichtigkeit und der Einsicht in andere Welten hatten. Mit deren Unterstützung war es ihm möglich, die für ihn als Kind oft herausfordernden Vorkommnisse zu verarbeiten. Er war über 44 Jahre als Förster tätig und setzt heute seine Hellsichtigkeit und die Fähigkeit, Energiefelder aller Art zu erkennen, vorwiegend für die Heilung von Menschen sowie zur Reinigung von Häusern und Wohnungen von unerwünschten Geistwesen ein. Er gibt Kurse und Seminare zur Mystik des Waldes, der Heilkraft der Bäume, Spiritualität und über Naturgeister. In authentischen Vorträgen erzählt er über die »Welt der Geister« und seine besondere Wahrnehmungsgabe. Sam Hess lebt in Engelberg. **www.waldmystik.ch**

BILDNACHWEIS

Mit 62 Farbfotos von Vreny Hess-Kurmann und
4 Zeichnungen von Erwin Matczik (S. 6, 28, 56, 102 (Wdh. S. 3 unten)).

IMPRESSUM

Umschlaggestaltung von STUDIO LZ, Stuttgart unter Verwendung eines Farbfotos von shutterstock/tomertu

Mit 62 Farbfotos.

Alle Angaben in diesem Buch erfolgen nach bestem Wissen und Gewissen. Sorgfalt bei der Umsetzung ist indes dennoch geboten. Der Verlag und der Autor übernehmen keinerlei Haftung für Personen-, Sach- oder Vermögensschäden, die aus der Anwendung der vorgestellten Materialien, Methoden oder Informationen entstehen könnten.

Unser gesamtes Programm finden Sie unter **kosmos.de/nymphenburger**.

Gedruckt auf chlorfrei gebleichtem Papier

ISBN 978-3-485-03022-9
Projektleitung: Dr. Stefan Raps und Monika Riedlinger
Redaktion: Clea von Ammon
Gestaltung und Satz: Katrin Kleinschrot, Stuttgart
Produktion: Angela List
Druck und Bindung: Westermann Druck Zwickau GmbH, Zwickau
Printed in Germany / Imprimé en Allemagne

MIX
Papier | Fördert gute Waldnutzung
FSC® C110508